平成 30 年 3 月に告示された高等学校学習指導要領が，令和 4 年度から年次進行で本格的に実施
されます。

　今回の学習指導要領では，各教科等の目標及び内容が，育成を目指す資質・能力の三つの柱（「知
識及び技能」，「思考力，判断力，表現力等」，「学びに向かう力，人間性等」）に沿って再整理され，
各教科等でどのような資質・能力の育成を目指すのかが明確化されました。これにより，教師が
「子供たちにどのような力が身に付いたか」という学習の成果を的確に捉え，主体的・対話的で
深い学びの視点からの授業改善を図る，いわゆる「指導と評価の一体化」が実現されやすくなる
ことが期待されます。

　また，子供たちや学校，地域の実態を適切に把握した上で教育課程を編成し，学校全体で教育
活動の質の向上を図る「カリキュラム・マネジメント」についても明文化されました。カリキュ
ラム・マネジメントの一側面として，「教育課程の実施状況を評価してその改善を図っていくこと」
がありますが，このためには，教育課程を編成・実施し，学習評価を行い，学習評価を基に教育
課程の改善・充実を図るというPDCAサイクルを確立することが重要です。このことも，まさ
に「指導と評価の一体化」のための取組と言えます。

　このように，「指導と評価の一体化」の必要性は，今回の学習指導要領において，より一層明確
なものとなりました。そこで，国立教育政策研究所教育課程研究センターでは，「幼稚園，小学校，
中学校，高等学校及び特別支援学校の学習指導要領等の改善及び必要な方策等について（答申）」
（平成 28 年 12 月 21 日中央教育審議会）をはじめ，「児童生徒の学習評価の在り方について（報
告）」（平成 31 年 1 月 21 日中央教育審議会初等中等教育分科会教育課程部会）や「小学校，中学
校，高等学校及び特別支援学校等における児童生徒の学習評価及び指導要録の改善等について」
（平成 31 年 3 月 29 日付初等中等教育局長通知）を踏まえ，令和 2 年 3 月に公表した小・中学校
版に続き，高等学校版の「『指導と評価の一体化』のための学習評価に関する参考資料」を作成し
ました。

　本資料では，学習評価の基本的な考え方や，各教科等における評価規準の作成及び評価の実施
等について解説しているほか，各教科等別に単元や題材に基づく学習評価について事例を紹介し
ています。各学校においては，本資料や各教育委員会等が示す学習評価に関する資料などを参考
としながら，学習評価を含むカリキュラム・マネジメントを円滑に進めていただくことで，「指導
と評価の一体化」を実現し，子供たちに未来の創り手となるために必要な資質・能力が育まれる
ことを期待します。

　最後に，本資料の作成に御協力くださった方々に心から感謝の意を表します。

　　令和 3 年 8 月

　　　　　　　　　　　　　　　　　　　　　　　国 立 教 育 政 策 研 究 所

　　　　　　　　　　　　　　　　　　　　　　　教育課程研究センター長

　　　　　　　　　　　　　　　　　　　　　　　　　鈴 　木 　敏 　之

「指導と評価の一体化」のための学習評価に関する参考資料

高等学校

情　報

令和3年8月

文部科学省
国立教育政策研究所
National Institute for Educational Policy Research

教育課程研究センター

学習評価とは？

学習評価：学校での教育活動に関し、生徒の学習状況を評価するもの

学習評価を通して
・教師が指導の改善を図る
・生徒が自らの学習を振り返って次の学習に向かうことができるようにする

⇒評価を教育課程の改善に役立てる

学習評価について指摘されている課題

学習評価の現状について、学校や教師の状況によっては、以下のような課題があることが指摘されている。

・学期末や学年末などの事後での評価に終始してしまうことが多く、評価の結果が児童生徒の具体的な学習改善につながっていない

・現行の「関心・意欲・態度」の観点について、挙手の回数や毎時間ノートをとっているかなど、性格や行動面の傾向が一時的に表出された場面を捉える評価であるかのような誤解が払拭しきれていない

・教師によって評価の方針が異なり、学習改善につなげにくい

・教師が評価のための「記録」に労力を割かれて、指導に注力できない

・相当な労力をかけて記述した指導要録が、次の学年や学校段階において十分に活用されていない

生徒の意見

先生によって観点の重み付けが違うんです。授業態度をとても重視する先生もいるし、テストだけで判断する先生もいます。そうすると、どう努力していけばよいのか本当に分かりにくいんです。

（中央教育審議会初等中等教育分科会教育課程部会児童生徒の学習評価に関するワーキンググループ第7回における高等学校三年の意見より）

カリキュラム・マネジメントの一環としての指導と評価

「主体的・対話的で深い学び」の視点からの授業改善と評価

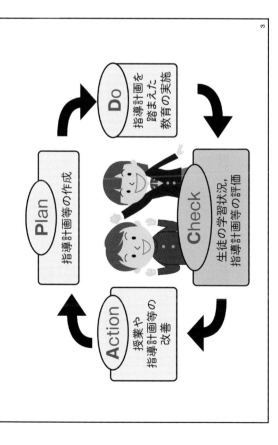

Plan　指導計画等の作成

Do　指導計画を踏まえた教育の実施

Check　生徒の学習状況、指導計画等の評価

Action　授業や指導計画等の改善

平成30年告示の学習指導要領における目標の構成

各教科等の「目標」「内容」の記述を、「知識及び技能」「思考力、判断力、表現力等」「学びに向かう力、人間性等」の資質・能力の3つの柱で再整理。

例えば、国語科では

思考力や想像力

平成21年告示高等学校学習指導要領

国語　目標

国語を適切に表現し的確に理解する能力を育成し、伝え合う力を高めるとともに、思考力や想像力を伸ばし、心情を豊かにし、言語感覚を磨き、言語文化に対する関心を深め、国語を尊重してその向上を図る態度を育てる。

平成30年告示高等学校学習指導要領

国語　第1款　目標

言葉による見方・考え方を働かせ、言語活動を通して、国語で的確に理解し効果的に表現する資質・能力を次のとおり育成することを目指す。

(1)生涯にわたる社会生活に必要な国語について、その特質を理解し適切に使うことができるようにする。　【知識及び技能】

(2)生涯にわたる社会生活における他者との関わりの中で伝え合う力を高め、思考力や想像力を伸ばす。　【思考力、判断力、表現力等】

(3)言葉のもつ価値への認識を深めるとともに、言語感覚を磨き、我が国の言語文化の担い手としての自覚をもち、生涯にわたり国語を尊重してその能力の向上を図る態度を養う。　【学びに向かう力、人間性等】

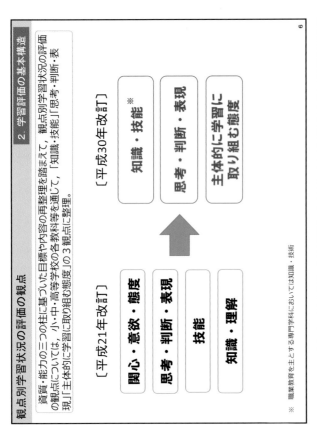

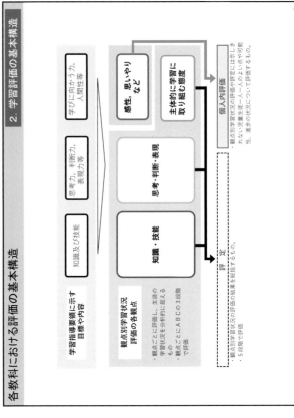

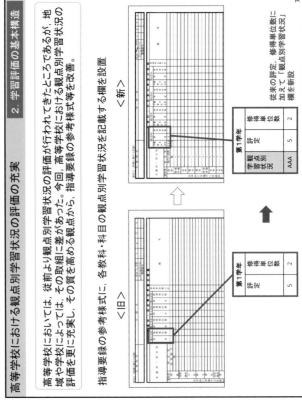

「知識・技能」の評価

次のような工夫が考えられる

- 授業において
  それぞれの教科等の特質に応じ、観察・実験をしたり、式やグラフで表現したりするなど学習した知識や技能を用いる場面を設計し評価
- ペーパーテストにおいて
  事実的な知識の習得を問う問題と知識の概念的な理解を問う問題とのバランスに配慮して出題し評価

「思考・判断・表現」の評価

次のような工夫が考えられる

- ペーパーテストにおいて、出題の仕方を工夫して評価
- 論述やレポートを課して評価
- 発表やグループでの話合いなどの場面で評価
- 作品の制作などにおいて多様な表現活動を設け、ポートフォリオを活用して評価

「主体的に学習に取り組む態度」の評価

学びに向かう力、人間性等

①観点別学習状況の評価にはなじまない部分（感性、思いやり等）

⑦「主体的に学習に取り組む態度」として観点別学習状況の評価を通じて見取ることができる部分

①個人内評価（生徒一人一人のよい点や可能性、進歩の状況について評価するもの）等を通じて見取る。

※特に感性や思いやりなど生徒一人一人のよい点や可能性、進歩の状況などについては、積極的に評価し、生徒に伝えることが重要。

⑦知識及び技能を獲得したり、思考力、判断力、表現力等を身に付けたりすることに向けた粘り強い取組の中で、自らの学習を調整しようとしているかどうかを含めて評価する。

「学びに向かう力、人間性等」には、⑦主体的に学習に取り組む態度として観点別学習評価を通じて見取ることができる部分と、①観点別学習状況の評価や評定にはなじまない部分がある。

「主体的に学習に取り組む態度」の評価のイメージ

○「主体的に学習に取り組む態度」の評価については、①知識及び技能を獲得したり、思考力、判断力、表現力等を身に付けたりすることに向けた粘り強い取組を行おうとする側面と、①の粘り強い取組を行う中で、自らの学習を調整しようとする側面、という二つの側面から評価することが求められる。

○これら①②の姿は実際の教科等の学びの中では別々ではなく相互に関わり合いながら立ち現れるものと考えられる。例えば、粘り強く取り組んだ上で自らの学習を調整する姿や、粘り強く取り組んでいるが自らの学習を調整することが十分ではない姿、粘り強さが全くない中で自らの学習を調整する姿は一般的ではない。

「十分満足できる」状況(A)
「おおむね満足できる」状況(B)
「努力を要する」状況(C)

②自らの学習を調整しようとする側面
①粘り強い取組を行おうとする側面

「主体的に学習に取り組む態度」については、①知識及び技能を獲得したり、思考力、判断力、表現力等を身に付けたりすることに向けた粘り強い取組の中で、②自らの学習を調整しようとしているかどうかを含めて評価する。

スライド14

観点別評価の進め方　　3. 各教科の学習評価

「内容のまとまり」ごとの評価規準を作成する → 単元（題材）の目標を作成する → 単元（題材）の評価規準を作成する

指導と評価の計画を立てる → 授業（指導と評価）を行う → 評価の総括を行う

（吹き出し）総括に用いる評価の記録については、場面を精選する

※ 職業教育を主とする専門学科においては、学習指導要領の規定から、「〔指導項目〕ごとの評価規準」とする。

14

スライド13

「主体的に学習に取り組む態度」の評価　　3. 各教科の学習評価

●「自らの学習を調整しようとする側面」について
自らの学習状況を振り返って把握し、学習の進め方について試行錯誤を繰り返す（微調整を繰り返す）などの意思的な側面

指導において次のような工夫も大切
■生徒が自らの理解状況を振り返ることができるような発問を工夫したり指示したりする
■内容のまとまりの中で、話し合ったり他の生徒との協働を通じて自らの考えを相対化するような場面を設ける

◎ここでの評価は、生徒の学習の調整が「適切に行われているか」を必ずしも判断するものではない。
学習の調整が適切に行われていない場合には、教師の指導が求められる。

13

スライド16

学習評価を行う上での各学校における留意事項②　　4. 学習評価の円滑な実施に向けた取組

学校全体としての組織的かつ計画的な取組

教師の勤務負担軽減を図りながら学習評価の妥当性や信頼性が高められるよう、学校全体としての組織的かつ計画的な取組を行うことが重要。

※例えば以下の取組が考えられる。
・教師同士での評価規準や評価方法の検討、明確化
・実践事例の蓄積・共有
・評価結果の検討等を通じた教師の力量の向上
・校内組織（学年会や教科等部会等）の活用

16

スライド15

学習評価を行う上での各学校における留意事項①　　4. 学習評価の円滑な実施に向けた取組

評価の方針等の生徒との共有

学習評価の妥当性や信頼性を高めるとともに、生徒自身に学習の見通しをもたせるため、学習評価の方針を事前に生徒と共有する場面を必要に応じて設ける。

観点別学習状況の評価を行う場面の精選

観点別学習状況の評価に係る記録は、毎回の授業ではなく、単元や題材などの内容のまとまりごとに行うことなど、評価場面を精選する。
※日々の授業における生徒の学習状況を把握して指導の改善に生かすことに重点を置くことが重要。

外部試験や検定等の学習評価への利用

外部試験や検定等は、学習指導要領の目標に準拠したものでない場合や内容を網羅的に扱うものでないなど場合があることから、教師が行う学習評価の補完材料である（外部試験等の結果そのものをもって教師の評価に代えることは適切ではない）ことに十分留意が必要であること。

15

目次

　※本冊子については，改訂後の常用漢字表（平成22年11月30日内閣告示）に基づいて表記してい
　　ます（学習指導要領及び初等中等教育局長通知等の引用部分を除く）。

〔巻頭資料（スライド）について〕

　巻頭資料（スライド）は，学習評価に関する基本事項を簡潔にまとめたものです。巻頭資料の記載に目を通し概略を把握することで，本編の内容を読み進める上での一助となることや，各自治体や各学校における研修等で使用する資料の参考となることを想定しています。記載内容は最小限の情報になっているので，詳細については，本編を御参照ください。

第 1 編

総説

第1編　総説

本編においては，以下の資料について，それぞれ略称を用いることとする。

答申：「幼稚園，小学校，中学校，高等学校及び特別支援学校の学習指導要領等の改善
　　　及び必要な方策等について（答申）」　平成28年12月21日　中央教育審議会
報告：「児童生徒の学習評価の在り方について（報告）」　平成31年1月21日　中央教
　　　育審議会　初等中等教育分科会　教育課程部会
改善等通知：「小学校，中学校，高等学校及び特別支援学校等における児童生徒の学習
　　　評価及び指導要録の改善等について（通知）」　平成31年3月29日　初等中等
　　　教育局長通知

第1章　平成30年の高等学校学習指導要領改訂を踏まえた学習評価の改善
1　はじめに

　学習評価は，学校における教育活動に関し，生徒の学習状況を評価するものである。答申にもあるとおり，生徒の学習状況を的確に捉え，教師が指導の改善を図るとともに，生徒が自らの学びを振り返って次の学びに向かうことができるようにするためには，学習評価の在り方が極めて重要である。

　各教科等の評価については，「観点別学習状況の評価」と「評定」が学習指導要領に定める目標に準拠した評価として実施するものとされている[1]。観点別学習状況の評価とは，学校における生徒の学習状況を，複数の観点から，それぞれの観点ごとに分析的に捉える評価のことである。生徒が各教科等での学習において，どの観点で望ましい学習状況が認められ，どの観点に課題が認められるかを明らかにすることにより，具体的な指導や学習の改善に生かすことを可能とするものである。各学校において目標に準拠した観点別学習状況の評価を行うに当たっては，観点ごとに評価規準を定める必要がある。評価規準とは，観点別学習状況の評価を的確に行うため，学習指導要領に示す目標の実現の状況を判断するよりどころを表現したものである。本参考資料は，観点別学習状況の評価を実施する際に必要となる評価規準等，学習評価を行うに当たって参考となる情報をまとめたものである。

　以下，文部省指導資料から，評価規準について解説した部分を参考として引用する。

---

[1] 各教科の評価については，観点別学習状況の評価と，これらを総括的に捉える「評定」の両方について実施するものとされており，観点別学習状況の評価や評定には示しきれない生徒の一人一人のよい点や可能性，進歩の状況については，「個人内評価」として実施するものとされている（P.6〜11に後述）。

（参考）評価規準の設定（抄）

（文部省「小学校教育課程一般指導資料」（平成5年9月）より）

　新しい指導要録（平成3年改訂）では，観点別学習状況の評価が効果的に行われるようにするために，「各観点ごとに学年ごとの評価規準を設定するなどの工夫を行うこと」と示されています。

　これまでの指導要録においても，観点別学習状況の評価を適切に行うため，「観点の趣旨を学年別に具体化することなどについて工夫を加えることが望ましいこと」とされており，教育委員会や学校では目標の達成の度合いを判断するための基準や尺度などの設定について研究が行われてきました。

　しかし，それらは，ともすれば知識・理解の評価が中心になりがちであり，また「目標を十分達成（＋）」，「目標をおおむね達成（空欄）」及び「達成が不十分（－）」ごとに詳細にわたって設定され，結果としてそれを単に数量的に処理することに陥りがちであったとの指摘がありました。

　今回の改訂においては，学習指導要領が目指す学力観に立った教育の実践に役立つようにすることを改訂方針の一つとして掲げ，各教科の目標に照らしてその実現の状況を評価する観点別学習状況を各教科の学習の評価の基本に据えることとしました。したがって，評価の観点についても，学習指導要領に示す目標との関連を密にして設けられています。

　このように，学習指導要領が目指す学力観に立つ教育と指導要録における評価とは一体のものであるとの考え方に立って，各教科の目標の実現の状況を「関心・意欲・態度」，「思考・判断・表現」，「技能・表現（または技能）」及び「知識・理解」の観点ごとに適切に評価するため，「評価規準を設定する」ことを明確に示しているものです。

　「評価規準」という用語については，先に述べたように，新しい学力観に立って子供たちが自ら獲得し身に付けた資質や能力の質的な面，すなわち，学習指導要領の目標に基づく幅のある資質や能力の育成の実現状況の評価を目指すという意味から用いたものです。

2　平成30年の高等学校学習指導要領改訂を踏まえた学習評価の意義
（1）学習評価の充実

　平成30年に改訂された高等学校学習指導要領総則においては，学習評価の充実について新たに項目が置かれている。具体的には，学習評価の目的等について以下のように示し，単元や題材など内容や時間のまとまりを見通しながら，生徒の主体的・対話的で深い学びの実現に向けた授業改善を行うと同時に，評価の場面や方法を工夫して，学習の過程や成果を評価することを示し，授業の改善と評価の改善を両輪として行っていくことの必要性が明示されている。

> ・生徒のよい点や進歩の状況などを積極的に評価し，学習したことの意義や価値を実感できるようにすること。また，各教科・科目等の目標の実現に向けた学習状況を把握する観点から，単元や題材など内容や時間のまとまりを見通しながら評価の場面や方法を工夫して，学習の過程や成果を評価し，指導の改善や学習意欲の向上を図り，資質・能力の育成に生かすようにすること。
> ・創意工夫の中で学習評価の妥当性や信頼性が高められるよう，組織的かつ計画的な取組を推進するとともに，学年や学校段階を越えて生徒の学習の成果が円滑に接続されるように工夫すること。

（高等学校学習指導要領 第1章 総則 第3款 教育課程の実施と学習評価 2 学習評価の充実）

　報告では現状の学習評価の課題として，学校や教師の状況によっては，学期末や学年末などの事後での評価に終始してしまうことが多く，評価の結果が生徒の具体的な学習改善につながっていないなどの指摘があるとしている。このため，学習評価の充実に当たっては，いわゆる評価のための評価に終わることのないよう指導と評価の一体化を図り，学習の成果だけでなく，学習の過程を一層重視し，生徒が自分自身の目標や課題をもって学習を進めていけるように評価を行うことが大切である。

　また，報告においては，教師によって学習評価の方針が異なり，生徒が学習改善につなげにくいといった現状の課題も指摘されている。平成29年度文部科学省委託調査「学習指導と学習評価に対する意識調査」（以下「平成29年度文科省意識調査」）では，学習評価への取組状況について，「Ａ：校内で評価方法や評価規準を共有したり，授業研究を行ったりして，学習評価の改善に，学校全体で取り組んでいる」「Ｂ：評価規準の改善，評価方法の研究などは，教員個人に任されている」の二つのうちどちらに近いか尋ねたところ，高等学校では「Ｂ」又は「どちらかと言うとＢ」が約55％を占めている。このような現状を踏まえ，特に高等学校においては，学習評価の妥当性や信頼性を高め，授業改善や組織運営の改善に向けた学校教育全体の取組に位置付ける観点から，組織的かつ計画的に取り組むようにすることが必要である。

（2）カリキュラム・マネジメントの一環としての指導と評価

　各学校における教育活動の多くは，学習指導要領等に従い生徒や地域の実態を踏まえて編成された教育課程の下，指導計画に基づく授業（学習指導）として展開される。各学校では，生徒の学習状況を評価し，その結果を生徒の学習や教師による指導の改善や学校全体としての教育課程の改善等に生かし，学校全体として組織的かつ計画的に教育活動の質の向上を図っていくことが必要である。このように，「学習指導」と「学習評価」は学校の教育活動の根幹に当たり，教育課程に基づいて組織的かつ計画的に教育活動の質の向上を図る「カリキュラム・マネジメント」の中核的な役割を担っているのである。

（3）主体的・対話的で深い学びの視点からの授業改善と評価

　　指導と評価の一体化を図るためには，生徒一人一人の学習の成立を促すための評価という視点を一層重視し，教師が自らの指導のねらいに応じて授業での生徒の学びを振り返り，学習や指導の改善に生かしていくことが大切である。すなわち，平成30年に改訂された高等学校学習指導要領で重視している「主体的・対話的で深い学び」の視点からの授業改善を通して各教科等における資質・能力を確実に育成する上で，学習評価は重要な役割を担っている。

（4）学習評価の改善の基本的な方向性

　　（1）～（3）で述べたとおり，学習指導要領改訂の趣旨を実現するためには，学習評価の在り方が極めて重要であり，すなわち，学習評価を真に意味のあるものとし，指導と評価の一体化を実現することがますます求められている。

　　このため，報告では，以下のように学習評価の改善の基本的な方向性が示された。

① 児童生徒の学習改善につながるものにしていくこと

② 教師の指導改善につながるものにしていくこと

③ これまで慣行として行われてきたことでも，必要性・妥当性が認められないものは見直していくこと

3　平成30年の高等学校学習指導要領改訂を受けた評価の観点の整理

　　平成30年改訂学習指導要領においては，知・徳・体にわたる「生きる力」を生徒に育むために「何のために学ぶのか」という各教科等を学ぶ意義を共有しながら，授業の創意工夫や教科書等の教材の改善を促すため，全ての教科・科目等の目標及び内容を「知識及び技能」，「思考力，判断力，表現力等」，「学びに向かう力，人間性等」の育成を目指す資質・能力の三つの柱で再整理した（図1参照）。知・徳・体のバランスのとれた「生きる力」を育むことを目指すに当たっては，各教科・科目等の指導を通してどのような資質・能力の育成を目指すのかを明確にしながら教育活動の充実を図ること，その際には，生徒の発達の段階や特性を踏まえ，三つの柱に沿った資質・能力の育成がバランスよく実現できるよう留意する必要がある。

図1

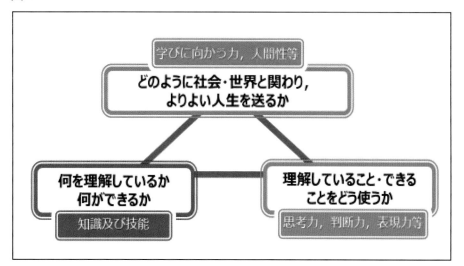

　観点別学習状況の評価については，こうした教育目標や内容の再整理を踏まえて，小・中・高等学校の各教科を通じて，4観点から3観点に整理された（図2参照）。

図2

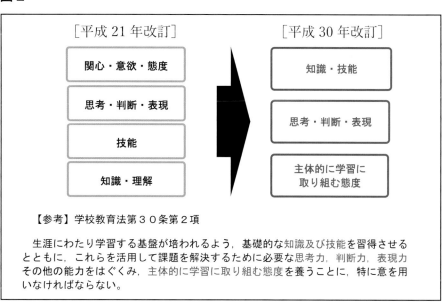

4　平成30年の高等学校学習指導要領改訂における各教科・科目の学習評価

　各教科・科目の学習評価においては，平成30年改訂においても，学習状況を分析的に捉える「観点別学習状況の評価」と，これらを総括的に捉える「評定」の両方について，学習指導要領に定める目標に準拠した評価として実施するものとされた。

　同時に，答申では「観点別学習状況の評価」について，高等学校では，知識量のみを問うペーパーテストの結果や，特定の活動の結果などのみに偏重した評価が行われているのではないかとの懸念も示されており，指導要録の様式の改善などを通じて評価の観点を明確にし，観点別学習状況の評価を更に普及させていく必要があるとされた。報告ではこの点について，以下のとおり示されている。

【高等学校における観点別学習状況の評価の扱いについて】

○　高等学校においては，従前より観点別学習状況の評価が行われてきたところであるが，地域や学校によっては，その取組に差があり，形骸化している場合があるとの指摘もある。「平成29年度文科省意識調査」では，高等学校が指導要録に観点別学習状況の評価を記録している割合は，13.3%にとどまる。そのため，高等学校における観点別学習状況の評価を更に充実し，その質を高める観点から，今後国が発出する学習評価及び指導要録の改善等に係る通知の「高等学校及び特別支援学校高等部の指導要録に記載する事項等」において，観点別学習状況の評価に係る説明を充実するとともに，指導要録の参考様式に記載欄を設けることとする。

　これを踏まえ，改善等通知においては，高等学校生徒指導要録に新たに観点別学習状況の評価の記載欄を設けることとした上で，以下のように示されている。

【高等学校生徒指導要録】（学習指導要領に示す各教科・科目の取扱いは次のとおり）

　［各教科・科目の学習の記録］

　I　観点別学習状況

　　　学習指導要領に示す各教科・科目の目標に基づき，学校が生徒や地域の実態に即して定めた当該教科・科目の目標や内容に照らして，その実現状況を観点ごとに評価し記入する。その際，

　　　　「十分満足できる」状況と判断されるもの：A

　　　　「おおむね満足できる」状況と判断されるもの：B

　　　　「努力を要する」状況と判断されるもの：C

　のように区別して評価を記入する。

　II　評定

　　　各教科・科目の評定は，学習指導要領に示す各教科・科目の目標に基づき，学校が生徒や地域の実態に即して定めた当該教科・科目の目標や内容に照らし，その実現状況を総括的に評価して，

　　　　「十分満足できるもののうち，特に程度が高い」状況と判断されるもの：5

　　　　「十分満足できる」状況と判断されるもの：4

　　　　「おおむね満足できる」状況と判断されるもの：3

　　　　「努力を要する」状況と判断されるもの：2

　　　　「努力を要すると判断されるもののうち，特に程度が低い」状況と判断されるもの：1

　のように区別して評価を記入する。

　　　評定は各教科・科目の学習の状況を総括的に評価するものであり，「観点別学習状況」において掲げられた観点は，分析的な評価を行うものとして，各教科・科目の評定を行う場合において基本的な要素となるものであることに十分留意する。その際，評定の適切な決定方法等については，各学校において定める。

　「平成29年度文科省意識調査」では，「観点別学習状況の評価は実践の蓄積があり，定着してきている」に対する「そう思う」又は「まあそう思う」との回答の割合は，小学校・中学校では80％を超えるのに対し，高等学校では約45％にとどまっている。このような現状を踏まえ，今後高等学校においては，観点別学習状況の評価を更に充実し，その質を高めることが求められている。

　また，観点別学習状況の評価や評定には示しきれない生徒一人一人のよい点や可能性，進歩の状況については，「個人内評価」として実施するものとされている。改善等通知においては，「観点別学習状況の評価になじまず個人内評価の対象となるものについては，児童生徒が学習したことの意義や価値を実感できるよう，日々の教育活動等の中で児童生徒に伝えることが重要であること。特に『学びに向かう力，人間性等』のうち『感性や思いやり』など児童生徒一人一人のよい点や可能性，進歩の状況などを積極的に評価し児童生徒に伝えることが重要であること。」と示されている。

　「3　平成30年の高等学校学習指導要領改訂を受けた評価の観点の整理」も踏まえて各教科における評価の基本構造を図示化すると，以下のようになる（図3参照）。

図3

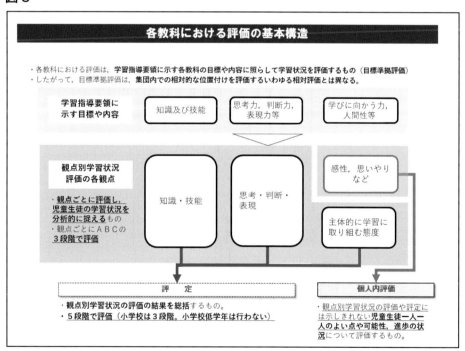

　上記の，「各教科における評価の基本構造」を踏まえた3観点の評価それぞれについての考え方は，以下の（1）～（3）のとおりとなる。なお，この考え方は，総合的な探究の時間，特別活動においても同様に考えることができる。

（1）「知識・技能」の評価について

　　「知識・技能」の評価は，各教科等における学習の過程を通した知識及び技能の習得状況について評価を行うとともに，それらを既有の知識及び技能と関連付けたり活用したりする中で，他の学習や生活の場面でも活用できる程度に概念等を理解したり，技能を習得したりしているかについても評価するものである。

　　「知識・技能」におけるこのような考え方は，従前の「知識・理解」（各教科等において習得すべき知識や重要な概念等を理解しているかを評価），「技能」（各教科等において習得すべき技能を身に付けているかを評価）においても重視してきたものである。

　　具体的な評価の方法としては，ペーパーテストにおいて，事実的な知識の習得を問う問題と，知識の概念的な理解を問う問題とのバランスに配慮するなどの工夫改善を図るとともに，例えば，生徒が文章による説明をしたり，各教科等の内容の特質に応じて，観察・実験したり，式やグラフで表現したりするなど，実際に知識や技能を用いる場面を設けるなど，多様な方法を適切に取り入れていくことが考えられる。

（2）「思考・判断・表現」の評価について

　　「思考・判断・表現」の評価は，各教科等の知識及び技能を活用して課題を解決する等のために必要な思考力，判断力，表現力等を身に付けているかを評価するものである。

　　「思考・判断・表現」におけるこのような考え方は，従前の「思考・判断・表現」の観点においても重視してきたものである。「思考・判断・表現」を評価するためには，教師は「主体的・対話的で深い学び」の視点からの授業改善をする中で，生徒が思考・判断・表現する場面を効果的に設計するなどした上で，指導・評価することが求められる。

　　具体的な評価の方法としては，ペーパーテストのみならず，論述やレポートの作成，発表，グループでの話合い，作品の制作や表現等の多様な活動を取り入れたり，それらを集めたポートフォリオを活用したりするなど評価方法を工夫することが考えられる。

（3）「主体的に学習に取り組む態度」の評価について

　　答申において「学びに向かう力，人間性等」には，①「主体的に学習に取り組む態度」として観点別学習状況の評価を通じて見取ることができる部分と，②観点別学習状況の評価や評定にはなじまず，こうした評価では示しきれないことから個人内評価を通じて見取る部分があることに留意する必要があるとされている。すなわち，②については観点別学習状況の評価の対象外とする必要がある。

　　「主体的に学習に取り組む態度」の評価に際しては，単に継続的な行動や積極的な発言を行うなど，性格や行動面の傾向を評価するということではなく，各教科等の「主体的に学習に取り組む態度」に係る観点の趣旨に照らして，知識及び技能を習得したり，思考力，判断力，表現力等を身に付けたりするために，自らの学習状況を把握し，学習の進め方について試行錯誤するなど自らの学習を調整しながら，学ぼうとしているか

どうかという意思的な側面を評価することが重要である。

　従前の「関心・意欲・態度」の観点も，各教科等の学習内容に関心をもつことのみならず，よりよく学ぼうとする意欲をもって学習に取り組む態度を評価するという考え方に基づいたものであり，この点を「主体的に学習に取り組む態度」として改めて強調するものである。

　本観点に基づく評価は，「主体的に学習に取り組む態度」に係る各教科等の評価の観点の趣旨に照らして，

①　知識及び技能を獲得したり，思考力，判断力，表現力等を身に付けたりすることに
　　向けた粘り強い取組を行おうとしている側面

②　①の粘り強い取組を行う中で，自らの学習を調整しようとする側面

という二つの側面を評価することが求められる[2]（図4参照）。

　ここでの評価は，生徒の学習の調整が「適切に行われているか」を必ずしも判断するものではなく，学習の調整が知識及び技能の習得などに結び付いていない場合には，教師が学習の進め方を適切に指導することが求められる。

　具体的な評価の方法としては，ノートやレポート等における記述，授業中の発言，教師による行動観察や生徒による自己評価や相互評価等の状況を，教師が評価を行う際に考慮する材料の一つとして用いることなどが考えられる。

図4

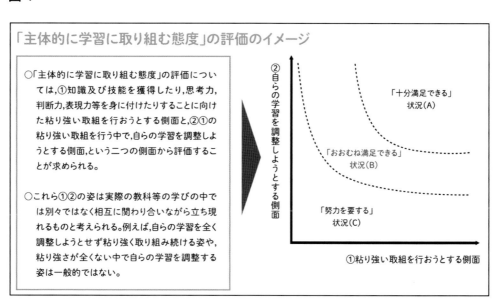

----

[2] これら①②の姿は実際の教科等の学びの中では別々ではなく相互に関わり合いながら立ち現れるものと考えられることから，実際の評価の場面においては，双方の側面を一体的に見取ることも想定される。例えば，自らの学習を全く調整しようとせず粘り強く取り組み続ける姿や，粘り強さが全くない中で自らの学習を調整する姿は一般的ではない。

　なお，学習指導要領の「2　内容」に記載のない「主体的に学習に取り組む態度」の評価については，後述する第2章1（2）を参照のこと[3]。

5　改善等通知における総合的な探究の時間，特別活動の指導要録の記録

　改善等通知においては，各教科の学習の記録とともに，以下の（1），（2）の各教科等の指導要録における学習の記録について以下のように示されている。

（1）総合的な探究の時間について

　改善等通知別紙3には，「総合的な探究の時間の記録については，この時間に行った学習活動及び各学校が自ら定めた評価の観点を記入した上で，それらの観点のうち，生徒の学習状況に顕著な事項がある場合などにその特徴を記入する等，生徒にどのような力が身に付いたかを文章で端的に記述する」とされている。また，「評価の観点については，高等学校学習指導要領等に示す総合的な探究の時間の目標を踏まえ，各学校において具体的に定めた目標，内容に基づいて別紙5を参考に定める」とされている。

（2）特別活動について

　改善等通知別紙3には，「特別活動の記録については，各学校が自ら定めた特別活動全体に係る評価の観点を記入した上で，各活動・学校行事ごとに，評価の観点に照らして十分満足できる活動の状況にあると判断される場合に，○印を記入する」とされている。また，「評価の観点については，高等学校学習指導要領等に示す特別活動の目標を踏まえ，各学校において別紙5を参考に定める。その際，特別活動の特質や学校として重点化した内容を踏まえ，例えば『主体的に生活や人間関係をよりよくしようとする態度』などのように，より具体的に定めることも考えられる。記入に当たっては，特別活動の学習が学校やホームルームにおける集団活動や生活を対象に行われるという特質に留意する」とされている。

　なお，特別活動は学級担任以外の教師が指導する活動もあることから，評価体制を確立し，共通理解を図って，生徒のよさや可能性を多面的・総合的に評価するとともに，確実に資質・能力が育成されるよう指導の改善に生かすことが求められる。

---

[3] 各教科等によって，評価の対象に特性があることに留意する必要がある。例えば，保健体育科の体育に関する科目においては，公正や協力などを，育成する「態度」として学習指導要領に位置付けており，各教科等の目標や内容に対応した学習評価が行われることとされている。

6 障害のある生徒の学習評価について

学習評価に関する基本的な考え方は，障害のある生徒の学習評価についても同様である。

障害のある生徒については，特別支援学校等の助言又は援助を活用しつつ，個々の生徒の障害の状態や特性及び心身の発達の段階に応じた指導内容や指導方法の工夫を行い，その評価を適切に行うことが必要である。また，指導内容や指導方法の工夫については，学習指導要領の各教科・科目の「指導計画の作成と内容の取扱い」の「指導計画作成上の配慮事項」の「障害のある生徒への配慮についての事項」についての学習指導要領解説も参考となる。

7 評価の方針等の生徒や保護者への共有について

学習評価の妥当性や信頼性を高めるとともに，生徒自身に学習の見通しをもたせるために，学習評価の方針を事前に生徒と共有する場面を必要に応じて設けることが求められており，生徒に評価の結果をフィードバックする際にも，どのような方針によって評価したのかを改めて生徒に共有することも重要である。

また，学習指導要領下での学習評価の在り方や基本方針等について，様々な機会を捉えて保護者と共通理解を図ることが非常に重要である。

第2章　学習評価の基本的な流れ

1　各学科に共通する各教科における評価規準の作成及び評価の実施等について

（1）目標と「評価の観点及びその趣旨」との対応関係について

　　　評価規準の作成に当たっては，各学校の実態に応じて目標に準拠した評価を行うために，「評価の観点及びその趣旨[4]」が各教科の目標を踏まえて作成されていることを確認することが必要である[5]。また，教科の目標と「評価の観点及びその趣旨」との関係性を踏まえ，科目の目標に対する「評価の観点の趣旨」を作成することが必要である。

　　　なお，「主体的に学習に取り組む態度」の観点は，教科・科目の目標の（3）に対応するものであるが，観点別学習状況の評価を通じて見取ることができる部分をその内容として整理し，示していることを確認することが必要である（図5，6参照）。

図5

【学習指導要領「教科の目標」】

学習指導要領　各教科の「第1款　目標」等

（1）	（2）	（3）
（知識及び技能に関する目標）	（思考力，判断力，表現力等に関する目標）	（学びに向かう力，人間性等に関する目標）[6]

【改善等通知　別紙5「評価の観点及びその趣旨」】

観点	知識・技能	思考・判断・表現	主体的に学習に取り組む態度
趣旨	（知識・技能の観点の趣旨）	（思考・判断・表現の観点の趣旨）	（主体的に学習に取り組む態度の観点の趣旨）

---

[4] 各教科等の学習指導要領の目標の規定を踏まえ，観点別学習状況の評価の対象とするものについて整理したものが教科等の観点の趣旨である。

[5] 芸術科においては，「第2款　各科目」における音楽I〜III，美術I〜III，工芸I〜III，書道I〜IIIについて，それぞれ科目の目標を踏まえて「評価の観点及びその趣旨」が作成されている。

[6] 学びに向かう力，人間性等に関する目標には，個人内評価として実施するものも含まれている。

図6

【学習指導要領「科目の目標」】

学習指導要領　各教科の「第2款　各科目」における科目の目標

(1)	(2)	(3)
（知識及び技能に関する目標）	（思考力，判断力，表現力等に関する目標）	（学びに向かう力，人間性等に関する目標）[7]

観点	知識・技能	思考・判断・表現	主体的に学習に取り組む態度
趣旨	（知識・技能の観点の趣旨）	（思考・判断・表現の観点の趣旨）	（主体的に学習に取り組む態度の観点の趣旨）
	科目の目標に対する「評価の観点の趣旨」は各学校等において作成する		

（2）「内容のまとまりごとの評価規準」について

　　本参考資料では，評価規準の作成等について示す。具体的には，第2編において学習指導要領の規定から「内容のまとまりごとの評価規準」を作成する際の手順を示している。ここでの「内容のまとまり」とは，学習指導要領に示す各教科等の「第2款　各科目」における各科目の「1　目標」及び「2　内容」の項目等をそのまとまりごとに細分化したり整理したりしたものである[8]。平成30年に改訂された高等学校学習指導要領においては資質・能力の三つの柱に基づく構造化が行われたところであり，各学科に共通する各教科においては，学習指導要領に示す各教科の「第2款 各科目」の「2　内容」

---

[7] 脚注6を参照

[8] 各教科等の学習指導要領の「第3款　各科目にわたる指導計画の作成と内容の取扱い」1 (1)に「単元（題材）などの内容や時間のまとまり」という記載があるが，この「内容や時間のまとまり」と，本参考資料における「内容のまとまり」は同義ではないことに注意が必要である。前者は，主体的・対話的で深い学びを実現するため，主体的に学習に取り組めるよう学習の見通しを立てたり学習したことを振り返ったりして自身の学びや変容を自覚できる場面をどこに設定するか，対話によって自分の考えなどを広げたり深めたりする場面をどこに設定するか，学びの深まりをつくりだすために，生徒が考える場面と教師が教える場面をどのように組み立てるか，といった視点による授業改善は，1単位時間の授業ごとに考えるのではなく，単元や題材などの一定程度のまとまりごとに検討されるべきであることが示されたものである。後者（本参考資料における「内容のまとまり」）については，本文に述べるとおりである。

において[9]，「内容のまとまり」ごとに育成を目指す資質・能力が示されている。このため，「2 内容」の記載はそのまま学習指導の目標となりうるものである[10]。学習指導要領の目標に照らして観点別学習状況の評価を行うに当たり，生徒が資質・能力を身に付けた状況を表すために，「2 内容」の記載事項の文末を「～すること」から「～している」と変換したもの等を，本参考資料において「内容のまとまりごとの評価規準」と呼ぶこととする[11]。

ただし，「主体的に学習に取り組む態度」に関しては，特に，生徒の学習への継続的な取組を通して現れる性質を有すること等から[12]，「2 内容」に記載がない[13]。そのため，各科目の「1 目標」を参考にして作成した科目の目標に対する「評価の観点の趣旨」を踏まえつつ，必要に応じて，改善等通知別紙5に示された評価の観点の趣旨のうち「主体的に学習に取り組む態度」に関わる部分を用いて「内容のまとまりごとの評価規準」を作成する必要がある。

なお，各学校においては，「内容のまとまりごとの評価規準」の考え方を踏まえて，各学校の実態を考慮し，単元や題材の評価規準等，学習評価を行う際の評価規準を作成する。

---

[9] 外国語においては「第2款 各科目」の「1 目標」である。

[10] 「2 内容」において示されている指導事項等を整理することで「内容のまとまり」を構成している教科もある。この場合は，整理した資質・能力をもとに，構成された「内容のまとまり」に基づいて学習指導の目標を設定することとなる。また，目標や評価規準の設定は，教育課程を編成する主体である各学校が，学習指導要領に基づきつつ生徒や学校，地域の実情に応じて行うことが必要である。

[11] 各学科に共通する各教科第9節家庭については，学習指導要領の「第1款 目標」(2)及び「第2款 各科目」の「1 目標」(2)に思考力・判断力・表現力等の育成に係る学習過程が記載されているため，これらを踏まえて「内容のまとまりごとの評価規準」を作成する必要がある。

[12] 各教科等の特性によって単元や題材など内容や時間のまとまりはさまざまであることから，評価を行う際は，それぞれの実現状況が把握できる段階について検討が必要である。

[13] 各教科等によって，評価の対象に特性があることに留意する必要がある。例えば，保健体育科の体育に関する科目においては，公正や協力などを，育成する「態度」として学習指導要領に位置付けており，各教科等の目標や内容に対応した学習評価が行われることとされている。

（3）「内容のまとまりごとの評価規準」を作成する際の基本的な手順

各教科における[14]，「内容のまとまりごとの評価規準」を作成する際の基本的な手順は以下のとおりである。

> 学習指導要領に示された教科及び科目の目標を踏まえて，「評価の観点及びその趣旨」が作成されていることを理解した上で，
>
> ① 各教科における「内容のまとまり」と「評価の観点」との関係を確認する。
>
> ② 【観点ごとのポイント】を踏まえ，「内容のまとまりごとの評価規準」を作成する。

（4）評価の計画を立てることの重要性

学習指導のねらいが生徒の学習状況として実現されたかについて，評価規準に照らして観察し，毎時間の授業で適宜指導を行うことは，育成を目指す資質・能力を生徒に育むためには不可欠である。その上で，評価規準に照らして，観点別学習状況の評価をするための記録を取ることになる。そのためには，いつ，どのような方法で，生徒について観点別学習状況を評価するための記録を取るのかについて，評価の計画を立てることが引き続き大切である。

しかし，毎時間生徒全員について記録を取り，総括の資料とするために蓄積することは現実的ではないことからも，生徒全員の学習状況を記録に残す場面を精選し，かつ適切に評価するための評価の計画が一層重要になる。

（5）観点別学習状況の評価に係る記録の総括

適切な評価の計画の下に得た，生徒の観点別学習状況の評価に係る記録の総括の時期としては，単元（題材）末，学期末，学年末等の節目が考えられる。

総括を行う際，観点別学習状況の評価に係る記録が，観点ごとに複数ある場合は，例えば，次のような総括の方法が考えられる。

・ **評価結果のＡ，Ｂ，Ｃの数を基に総括する場合**

何回か行った評価結果のＡ，Ｂ，Ｃの数が多いものが，その観点の学習の実施状況を最もよく表現しているとする考え方に立つ総括の方法である。例えば，３回評価を行った結果が「ＡＢＢ」ならばＢと総括することが考えられる。なお，「ＡＡＢＢ」の総括結果をＡとするかＢとするかなど，同数の場合や三つの記号が混在する場合の総括の仕方をあらかじめ各学校において決めておく必要がある。

---

[14] 芸術科においては，「第２款　各科目」における音楽Ⅰ～Ⅲ，美術Ⅰ～Ⅲ，工芸Ⅰ～Ⅲ，書道Ⅰ～Ⅲについて，必要に応じてそれぞれ「内容のまとまりごとの評価規準」を作成する。

・ **評価結果のＡ，Ｂ，Ｃを数値に置き換えて総括する場合**

　何回か行った評価結果Ａ，Ｂ，Ｃを，例えばＡ＝３，Ｂ＝２，Ｃ＝１のように数値によって表し，合計したり平均したりする総括の方法である。例えば，総括の結果をＢとする範囲を［1.5≦平均値≦2.5］とすると，「ＡＢＢ」の平均値は，約2.3［（３＋２＋２）÷３］で総括の結果はＢとなる。

　なお，評価の各節目のうち特定の時点に重きを置いて評価を行うこともできるが，その際平均値による方法等以外についても様々な総括の方法が考えられる。

（６）観点別学習状況の評価の評定への総括

　評定は，各教科の観点別学習状況の評価を総括した数値を示すものである。評定は，生徒がどの教科の学習に望ましい学習状況が認められ，どの教科の学習に課題が認められるのかを明らかにすることにより，教育課程全体を見渡した学習状況の把握と指導や学習の改善に生かすことを可能とするものである。

　評定への総括は，学期末や学年末などに行われることが多い。学年末に評定へ総括する場合には，学期末に総括した評定の結果を基にする場合と，学年末に観点ごとに総括した結果を基にする場合が考えられる。

　観点別学習状況の評価の評定への総括は，各観点の評価結果をＡ，Ｂ，Ｃの組合せ，又は，Ａ，Ｂ，Ｃを数値で表したものに基づいて総括し，その結果を５段階で表す。

　Ａ，Ｂ，Ｃの組合せから評定に総括する場合，「ＢＢＢ」であれば３を基本としつつ，「ＡＡＡ」であれば５又は４，「ＣＣＣ」であれば２又は１とするのが適当であると考えられる。それ以外の場合は，各観点のＡ，Ｂ，Ｃの数の組合せから適切に評定することができるようあらかじめ各学校において決めておく必要がある。

　なお，観点別学習状況の評価結果は，「十分満足できる」状況と判断されるものをＡ，「おおむね満足できる」状況と判断されるものをＢ，「努力を要する」状況と判断されるものをＣのように表されるが，そこで表された学習の実現状況には幅があるため，機械的に評定を算出することは適当ではない場合も予想される。

　また，評定は，高等学校学習指導要領等に示す各教科・科目の目標に照らして，その実現状況を「十分満足できるもののうち，特に程度が高い」状況と判断されるものを５，「十分満足できる」状況と判断されるものを４，「おおむね満足できる」状況と判断されるものを３，「努力を要する」状況と判断されるものを２，「努力を要すると判断されるもののうち，特に程度が低い」状況と判断されるものを１（単位不認定）という数値で表される。しかし，この数値を生徒の学習状況について五つに分類したものとして捉えるのではなく，常にこの結果の背後にある生徒の具体的な学習の実現状況を思い描き，適切に捉えることが大切である。評定への総括に当たっては，このようなことも十分に検討する必要がある[15]。また，各学校では観点別学習状況の評価の観点ごとの総括

---

[15] 改善等通知では，「評定は各教科の学習の状況を総括的に評価するものであり，『観点別

及び評定への総括の考え方や方法について，教師間で共通理解を図り，生徒及び保護者に十分説明し理解を得ることが大切である。

2 主として専門学科（職業教育を主とする専門学科）において開設される各教科における評価規準の作成及び評価の実施等について

（1）目標と「評価の観点及びその趣旨」との対応関係について

評価規準の作成に当たっては，各学校の実態に応じて目標に準拠した評価を行うために，「評価の観点及びその趣旨」が各教科の目標を踏まえて作成されていることを確認することが必要である。また，教科の目標と「評価の観点及びその趣旨」との関係性を踏まえ，科目の目標に対する「評価の観点の趣旨」を作成することが必要である。

なお，「主体的に学習に取り組む態度」の観点は，教科・科目の目標の（3）に対応するものであるが，観点別学習状況の評価を通じて見取ることができる部分をその内容として整理し，示していることを確認することが必要である（図7，8参照）。

図7

【学習指導要領「教科の目標」】

学習指導要領　各教科の「第1款　目標」

（1）	（2）	（3）
（知識及び技術に関する目標）	（思考力，判断力，表現力等に関する目標）	（学びに向かう力，人間性等に関する目標）[16]

【改善等通知　別紙5「評価の観点及びその趣旨」】

観点	知識・技術	思考・判断・表現	主体的に学習に取り組む態度
趣旨	（知識・技術の観点の趣旨）	（思考・判断・表現の観点の趣旨）	（主体的に学習に取り組む態度の観点の趣旨）

学習状況』において掲げられた観点は，分析的な評価を行うものとして，各教科の評定を行う場合において基本的な要素となるものであることに十分留意する。その際，評定の適切な決定方法等については，各学校において定める。」と示されている（P.8参照）。

[16] 脚注6を参照

図8

【学習指導要領「科目の目標」】

学習指導要領　各教科の「第2款　各科目」における科目の目標

(1)	(2)	(3)
（知識及び技術に関する目標）	（思考力，判断力，表現力等に関する目標）	（学びに向かう力，人間性等に関する目標）[17]

観点	知識・技術	思考・判断・表現	主体的に学習に取り組む態度
趣旨	（知識・技術の観点の趣旨）	（思考・判断・表現の観点の趣旨）	（主体的に学習に取り組む態度の観点の趣旨）

科目の目標に対する「評価の観点の趣旨」は各学校等において作成する

（2）職業教育を主とする専門学科において開設される「〔指導項目〕ごとの評価規準」について

　職業教育を主とする専門学科においては，学習指導要領の規定から「〔指導項目〕ごとの評価規準」を作成する際の手順を示している。

　平成30年に改訂された高等学校学習指導要領においては資質・能力の三つの柱に基づく構造化が行われたところであり，職業教育を主とする専門学科においては，学習指導要領解説に示す各科目の「第2　内容とその取扱い」の「2　内容」の各〔指導項目〕において，育成を目指す資質・能力が示されている。このため，「2　内容〔指導項目〕」の記載はそのまま学習指導の目標となりうるものである。学習指導要領及び学習指導要領解説の目標に照らして観点別学習状況の評価を行うに当たり，生徒が資質・能力を身に付けた状況を表すために，「2　内容　〔指導項目〕」の記載事項の文末を「～すること」から「～している」と変換したもの等を，本参考資料において「〔指導項目〕ごとの評価規準」と呼ぶこととする。

　なお，職業教育を主とする専門学科については，「2　内容　〔指導項目〕」に「学びに向かう力・人間性」に係る項目が存在する。この「学びに向かう力・人間性」に係る項目から，観点別学習状況の評価になじまない部分等を除くことで「主体的に学習に取り組む態度」の「〔指導項目〕ごとの評価規準」を作成することができる。

　これらを踏まえ，職業教育を主とする専門学科においては，各科目における「内容のまとまり」を〔指導項目〕に置き換えて記載することとする。

---

[17] 脚注6を参照

　各学校においては，「〔指導項目〕ごとの評価規準」の考え方を踏まえて，各学校の実態を考慮し，単元の評価規準等，学習評価を行う際の評価規準を作成する。

（3）「〔指導項目〕ごとの評価規準」を作成する際の基本的な手順

　職業教育を主とする専門学科における，「〔指導項目〕ごとの評価規準」を作成する際の基本的な手順は以下のとおりである。

　学習指導要領に示された教科及び科目の目標を踏まえて，「評価の観点及びその趣旨」が作成されていることを理解した上で，

① 各科目における〔指導項目〕と「評価の観点」との関係を確認する。

② 【観点ごとのポイント】を踏まえ，「〔指導項目〕ごとの評価規準」を作成する。

3　総合的な探究の時間における評価規準の作成及び評価の実施等について
（1）総合的な探究の時間の「評価の観点」について

　平成30年に改訂された高等学校学習指導要領では，各教科等の目標や内容を「知識及び技能」，「思考力，判断力，表現力等」，「学びに向かう力，人間性等」の資質・能力の三つの柱で再整理しているが，このことは総合的な探究の時間においても同様である。

　総合的な探究の時間においては，学習指導要領が定める目標を踏まえて各学校が目標や内容を設定するという総合的な探究の時間の特質から，各学校が観点を設定するという枠組みが維持されている。一方で，各学校が目標や内容を定める際には，学習指導要領において示された以下について考慮する必要がある。

【各学校において定める目標】
・　各学校において定める目標については，各学校における教育目標を踏まえ，総合的な探究の時間を通して育成を目指す資質・能力を示すこと。　　　　（第2の3(1)）

　総合的な探究の時間を通して育成を目指す資質・能力を示すとは，各学校における教育目標を踏まえて，各学校において定める目標の中に，この時間を通して育成を目指す資質・能力を，三つの柱に即して具体的に示すということである。

【各学校において定める内容】
・　探究課題の解決を通して育成を目指す具体的な資質・能力については，次の事項に配慮すること。
ア　知識及び技能については，他教科等及び総合的な探究の時間で習得する知識及び技能が相互に関連付けられ，社会の中で生きて働くものとして形成されるようにすること。
イ　思考力，判断力，表現力等については，課題の設定，情報の収集，整理・分析，

まとめ・表現などの探究的な学習の過程において発揮され，未知の状況において
活用できるものとして身に付けられるようにすること。
ウ　学びに向かう力，人間性等については，自分自身に関すること及び他者や社会
との関わりに関することの両方の視点を踏まえること。　　　　　（第2の3⑹）

　各学校において定める内容について，今回の改訂では新たに，「目標を実現するにふ
さわしい探究課題」，「探究課題の解決を通して育成を目指す具体的な資質・能力」の二
つを定めることが示された。「探究課題の解決を通して育成を目指す具体的な資質・能
力」とは，各学校において定める目標に記された資質・能力を，各探究課題に即して具
体的に示したものであり，教師の適切な指導の下，生徒が各探究課題の解決に取り組む
中で，育成することを目指す資質・能力のことである。この具体的な資質・能力も，「知
識及び技能」，「思考力，判断力，表現力等」，「学びに向かう力，人間性等」という資質・
能力の三つの柱に即して設定していくことになる。

　このように，各学校において定める目標と内容には，三つの柱に沿った資質・能力が
明示されることになる。

　したがって，資質・能力の三つの柱で再整理した学習指導要領の下での指導と評価の
一体化を推進するためにも，評価の観点についてこれらの資質・能力に関わる「知識・
技能」，「思考・判断・表現」，「主体的に学習に取り組む態度」の3観点に整理し示した
ところである。

（2）総合的な探究の時間の「内容のまとまり」の考え方

　学習指導要領の第2の2では，「各学校においては，第1の目標を踏まえ，各学校の
総合的な探究の時間の内容を定める。」とされている。これは，各学校が，学習指導要
領が定める目標の趣旨を踏まえて，地域や学校，生徒の実態に応じて，創意工夫を生か
した内容を定めることが期待されているからである。

　この内容の設定に際しては，前述したように「目標を実現するにふさわしい探究課
題」，「探究課題の解決を通して育成を目指す具体的な資質・能力」の二つを定めること
が示され，探究課題としてどのような対象と関わり，その探究課題の解決を通して，ど
のような資質・能力を育成するのかが内容として記述されることになる（図9参照）。

　本参考資料第1編第2章の1（2）では，「内容のまとまり」について，「学習指導要
領に示す各教科等の『第2款　各科目』における各科目の『1　目標』及び『2　内容』
の項目等をそのまとまりごとに細分化したり整理したりしたもので，『内容のまとまり』
ごとに育成を目指す資質・能力が示されている」と説明されている。

　したがって，総合的な探究の時間における「内容のまとまり」とは，全体計画に示し
た「目標を実現するにふさわしい探究課題」のうち，一つ一つの探究課題とその探究課
題に応じて定めた具体的な資質・能力と考えることができる。

図9

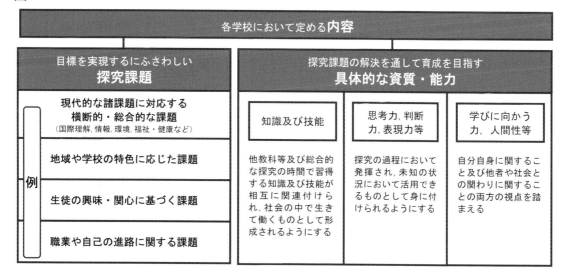

（3）「内容のまとまりごとの評価規準」を作成する際の基本的な手順

　　総合的な探究の時間における，「内容のまとまりごとの評価規準」を作成する際の基本的な手順は以下のとおりである。

①　各学校において定めた目標（第2の1）と「評価の観点及びその趣旨」を確認する。

②　各学校において定めた内容の記述（「内容のまとまり」として探究課題ごとに作成した「探究課題の解決を通して育成を目指す具体的な資質・能力」）が，観点ごとにどのように整理されているかを確認する。

③【観点ごとのポイント】を踏まえ，「内容のまとまりごとの評価規準」を作成する。

4　特別活動の「評価の観点」とその趣旨，並びに評価規準の作成及び評価の実施等について
（1）特別活動の「評価の観点」とその趣旨について

　　特別活動においては，改善等通知において示されたように，特別活動の特質と学校の創意工夫を生かすということから，設置者ではなく，「各学校で評価の観点を定める」ものとしている。本参考資料では「評価の観点」とその趣旨の設定について示している。

（2）特別活動の「内容のまとまり」

　　学習指導要領「第2　各活動・学校行事の目標及び内容」〔ホームルーム活動〕「2　内容」の「(1)ホームルームや学校における生活づくりへの参画」，「(2)日常の生活や学習への適応と自己の成長及び健康安全」，「(3)一人一人のキャリア形成と自己実現」，〔生徒会活動〕，〔学校行事〕「2　内容」の(1)儀式的行事，(2)文化的行事，(3)健康安全・体育的行事，(4)旅行・集団宿泊的行事，(5)勤労生産・奉仕的行事をそれぞれ「内容のまとまり」とした。

（3）特別活動の「評価の観点」とその趣旨，並びに「内容のまとまりごとの評価規準」を作成する際の基本的な手順

　各学校においては，学習指導要領に示された特別活動の目標及び内容を踏まえ，自校の実態に即し，改善等通知の例示を参考に観点を作成する。その際，例えば，特別活動の特質や学校として重点化した内容を踏まえて，具体的な観点を設定することが考えられる。

　また，学習指導要領解説では，各活動・学校行事の内容ごとに育成を目指す資質・能力が例示されている。そこで，学習指導要領で示された「各活動・学校行事の目標」及び学習指導要領解説で例示された「資質・能力」を確認し，各学校の実態に合わせて育成を目指す資質・能力を重点化して設定する。

　次に，各学校で設定した，各活動・学校行事で育成を目指す資質・能力を踏まえて，「内容のまとまりごとの評価規準」を作成する。基本的な手順は以下のとおりである。

---

① 　学習指導要領の「特別活動の目標」と改善等通知を確認する。

② 　学習指導要領の「特別活動の目標」と自校の実態を踏まえ，改善等通知の例示を参考に，特別活動の「評価の観点」とその趣旨を設定する。

③ 　学習指導要領の「各活動・学校行事の目標」及び学習指導要領解説特別活動編（平成 30 年 7 月）で例示した「各活動・学校行事における育成を目指す資質・能力」を参考に，各学校において育成を目指す資質・能力を重点化して設定する。

④ 　【観点ごとのポイント】を踏まえ，「内容のまとまりごとの評価規準」を作成する。

（参考）平成 24 年「評価規準の作成，評価方法等の工夫改善のための参考資料」からの変更点について

　今回作成した本参考資料は，平成 24 年の「評価規準の作成，評価方法等の工夫改善のための参考資料」を踏襲するものであるが，以下のような変更点があることに留意が必要である[18]。

　まず，平成 24 年の参考資料において使用していた「評価規準に盛り込むべき事項」や「評価規準の設定例」については，報告において「現行の参考資料のように評価規準を詳細に示すのではなく，各教科等の特質に応じて，学習指導要領の規定から評価規準を作成する際の手順を示すことを基本とする」との指摘を受け，第 2 編において示すことを改め，本参考資料の第 3 編における事例の中で，各教科等の事例に沿った評価規準を例示したり，その作成手順等を紹介したりする形に改めている。

　次に，本参考資料の第 2 編に示す「内容のまとまりごとの評価規準」は，平成 24 年の「評価規準の作成，評価方法等の工夫改善のための参考資料」において示した「評価規準に盛り込むべき事項」と作成の手順を異にする。具体的には，「評価規準に盛り込むべき事項」は，平成 21 年改訂学習指導要領における各教科等の目標及び内容の記述を基に，学習評価及び指導要録の改善通知で示している各教科等の評価の観点及びその趣旨を踏まえて作成したものである。

　また，平成 24 年の参考資料では「評価規準に盛り込むべき事項」をより具体化したものを「評価規準の設定例」として示している。「評価規準の設定例」は，原則として，学習指導要領の各教科等の目標及び内容のほかに，当該部分の学習指導要領解説（文部科学省刊行）の記述を基に作成していた。他方，本参考資料における「内容のまとまりごとの評価規準」については，平成 30 年改訂の学習指導要領の目標及び内容が育成を目指す資質・能力に関わる記述で整理されたことから，既に確認のとおり，そこでの「内容のまとまり」ごとの記述を，文末を変換するなどにより評価規準とすることを可能としており，学習指導要領の記載と表裏一体をなす関係にあると言える。

　さらに，「主体的に学習に取り組む態度」の「各教科等の評価の観点の趣旨」についてである。前述のとおり，従前の「関心・意欲・態度」の観点から「主体的に学習に取り組む態度」の観点に改められており，「主体的に学習に取り組む態度」の観点に関しては各科目の「1　目標」を参考にしつつ，必要に応じて，改善等通知別紙 5 に示された評価の観点の趣旨のうち「主体的に学習に取り組む態度」に関わる部分を用いて「内容のまとまりごとの評価規準」を作成する必要がある。報告にあるとおり，「主体的に学習に取り組む態度」は，現行の「関心・意欲・態度」の観点の本来の趣旨であった，各教科等の学習内容に関心をもつことのみならず，よりよく学ぼうとする意欲をもって学習に取り組む

---

[18] 特別活動については，平成 30 年改訂学習指導要領を受け，初めて作成するものである。

態度を評価することを改めて強調するものである。また，本観点に基づく評価としては，
「主体的に学習に取り組む態度」に係る各教科等の評価の観点の趣旨に照らし，

　① 知識及び技能を獲得したり，思考力，判断力，表現力等を身に付けたりすること
　　に向けた粘り強い取組を行おうとする側面と，

　② ①の粘り強い取組を行う中で，自らの学習を調整しようとする側面，

という二つの側面を評価することが求められるとされた[19]。

　以上の点から，今回の改善等通知で示した「主体的に学習に取り組む態度」の「各教科等の評価の観点の趣旨」は，平成22年通知で示した「関心・意欲・態度」の「各教科等の評価の観点の趣旨」から改められている。

---

[19] 脚注11を参照

第２編

「内容のまとまりごとの評価規準」
を作成する際の手順

1　高等学校情報科の「内容のまとまり」

高等学校情報科における「内容のまとまり」は，以下のようになっている。

第1　　情報 I

 (1) 情報社会の問題解決

 (2) コミュニケーションと情報デザイン

 (3) コンピュータとプログラミング

 (4) 情報通信ネットワークとデータの活用

第2　　情報 II

 (1) 情報社会の進展と情報技術

 (2) コミュニケーションとコンテンツ

 (3) 情報とデータサイエンス

 (4) 情報システムとプログラミング

 (5) 情報と情報技術を活用した問題発見・解決の探究

---

２ 高等学校情報科における「内容のまとまりごとの評価規準」作成の手順

　ここでは，科目「情報Ⅰ」の「(1) 情報社会の問題解決」を取り上げて，「内容のまとまりごとの評価規準」作成の手順を説明する。

　まず，学習指導要領に示された教科の目標を踏まえて，「評価の観点及びその趣旨」が作成されていることを理解する。次に，教科の目標と「評価の観点及びその趣旨」との関係性を踏まえ，科目の目標に対する「評価の観点の趣旨」を作成する。その上で，①及び②の手順を踏む。

＜例　情報Ⅰ　「(1) 情報社会の問題解決」＞

【高等学校学習指導要領　第２章　第10節　情報「第１款 目標」】

　情報に関する科学的な見方・考え方を働かせ，情報技術を活用して問題の発見・解決を行う学習活動を通して，問題の発見・解決に向けて情報と情報技術を適切かつ効果的に活用し，情報社会に主体的に参画するための資質・能力を次のとおり育成することを目指す。

(1)	(2)	(3)
情報と情報技術及びこれらを活用して問題を発見・解決する方法について理解を深め技能を習得するとともに，情報社会と人との関わりについての理解を深めるようにする。	様々な事象を情報とその結び付きとして捉え，問題の発見・解決に向けて情報と情報技術を適切かつ効果的に活用する力を養う。	情報と情報技術を適切に活用するとともに，情報社会に主体的に参画する態度を養う。

（高等学校学習指導要領　P.190）

【改善等通知　別紙５　各教科等の評価の観点及びその趣旨　＜情報＞】

知識・技能	思考・判断・表現	主体的に学習に取り組む態度
情報と情報技術を問題の発見・解決に活用するための知識について理解し，技能を身に付けているとともに，情報化の進展する社会の特質及びそのような社会と人間との関わりについて理解している。	事象を情報とその結び付きの視点から捉え，問題の発見・解決に向けて情報と情報技術を適切かつ効果的に用いている。	情報社会との関わりについて考えながら，問題の発見・解決に向けて主体的に情報と情報技術を活用し，自ら評価し改善しようとしている。

（改善等通知　別紙５　P.４，５）

【高等学校学習指導要領 第2章 第10節 情報「第2款 第1 情報Ⅰ 1 目標」】

　情報に関する科学的な見方・考え方を働かせ，情報技術を活用して問題の発見・解決を行う学習活動を通して，問題の発見・解決に向けて情報と情報技術を適切かつ効果的に活用し，情報社会に主体的に参画するための資質・能力を次のとおり育成することを目指す。

(1)	(2)	(3)
効果的なコミュニケーションの実現，コンピュータやデータの活用について理解を深め技能を習得するとともに，情報社会と人との関わりについて理解を深めるようにする。	様々な事象を情報とその結び付きとして捉え，問題の発見・解決に向けて情報と情報技術を適切かつ効果的に活用する力を養う。	情報と情報技術を適切に活用するとともに，情報社会に主体的に参画する態度を養う。

（高等学校学習指導要領　P. 190）

　以下は，教科の目標と「評価の観点及びその趣旨」との関係性を踏まえた，科目の目標に対する「評価の観点の趣旨」の例である。

【「第2款 第1 情報Ⅰ」の評価の観点の趣旨（例）】

知識・技能	思考・判断・表現	主体的に学習に取り組む態度
効果的なコミュニケーションの実現，コンピュータやデータの活用について理解し，技能を身に付けているとともに，情報社会と人との関わりについて理解している。	事象を情報とその結び付きの視点から捉え，問題の発見・解決に向けて情報と情報技術を適切かつ効果的に用いている。	情報社会との関わりについて考えながら，問題の発見・解決に向けて主体的に情報と情報技術を活用し，自ら評価し改善しようとしている。

①　各教科における「内容のまとまり」と「評価の観点」との関係を確認する。

(1) 情報社会の問題解決

　　情報と情報技術を活用した問題の発見・解決の方法に着目し，情報社会の問題を発見・解決する活動を通して，次の事項を身に付けることができるよう指導する。

ア　次のような知識及び技能を身に付けること。

　(ア) 情報やメディアの特性を踏まえ，情報と情報技術を活用して問題を発見・解決する方法を身に付けること。

　(イ) 情報に関する法規や制度，情報セキュリティの重要性，情報社会における個人の責任及び情報モラルについて理解すること。

　(ウ) 情報技術が人や社会に果たす役割と及ぼす影響について理解すること。

イ　次のような思考力，判断力，表現力等を身に付けること。

　(ア) 目的や状況に応じて，情報と情報技術を適切かつ効果的に活用して問題を発見・解決する方法について考えること。

　(イ) 情報に関する法規や制度及びマナーの意義，情報社会において個人の果たす役割や責任，情報モラルなどについて，それらの背景を科学的に捉え，考察すること。

　(ウ) 情報と情報技術の適切かつ効果的な活用と望ましい情報社会の構築について考察すること。

（実線）…知識及び技能に関する内容 （波線）…思考力，判断力，表現力等に関する内容

②　【観点ごとのポイント】を踏まえ，「内容のまとまりごとの評価規準」を作成する。

（1）「内容のまとまりごとの評価規準」を作成する際の【観点ごとのポイント】

○「知識・技能」のポイント

・この観点は，問題の発見・解決に向けて情報と情報技術を適切かつ効果的に活用するための知識の理解や技能の習得状況を評価するものであり，情報の特性や情報技術のしくみとともに，その効果や影響，情報と情報技術を活用して問題を発見・解決する方法そのものの理解も評価する。

・ここでの評価規準は，基本的には当該項目で育成を目指す資質・能力に該当する指導事項アについて，その文末を教科の観点の趣旨に基づき，「～について（を）理解している」，「～ができる技能を身に付けている」として作成する。

○「思考・判断・表現」のポイント

・この観点は，問題の発見・解決に向けて情報と情報技術を適切かつ効果的に活用するための思考力，判断力，表現力等を身に付けているかを評価するものであり，情報科の各項目は，「事象を捉える」「試行錯誤を行う」「振り返りと改善を行う」という問題の発見・解決の過程より構成されていることから，各項目では，一連の学習過程や，これを踏まえた状況の中で思考力，判断力，表現力等を評価する。

・ここでの評価規準は，基本的には当該項目で育成を目指す資質・能力に該当する指導事項イについて，その文末を教科の観点の趣旨及び一連の学習過程や，これを踏まえた状況に基づき「～している」，「～することができる」のように作成する。

○「主体的に学習に取り組む態度」のポイント

・この観点は，粘り強さ（知識及び技能を獲得したり，思考力，判断力，表現力等を身に付けたりすることに向けた粘り強い取組を行おうとしている側面），自らの学習の調整（粘り強い取組の中で自らの学習を調整しようとする側面）に加え，これらの学びの経験を通して涵養された，情報社会に参画しようとする態度について評価する。

・ここでの評価規準は，基本的には，教科の観点の趣旨に基づき，当該項目の指導事項ア，イに示された資質・能力を育成する学習活動を踏まえて，文末を「～しようとしている」として作成する。

〔各科目の留意事項〕

・「知識・技能」「思考・判断・表現」「主体的に学習に取り組む態度」は，問題の発見・解決を行う学習活動の中で，相互に関連しつつ育成されるものである。指導に当たっては，この点に配慮する必要がある。

・これらの観点別評価を行う場合，資質・能力の育成が「内容のまとまり」を越えて継続する場合も考えられる。このことに配慮して，長期に渡るポートフォリオに基づく評価も必要に応じて導入することが考えられる。

（2）学習指導要領の「2　内容」及び「内容のまとまりごとの評価規準（例）」

	知識及び技能	思考力，判断力，表現力等	学びに向かう力，人間性等
学習指導要領　2　内容	（ア）情報やメディアの特性を踏まえ，情報と情報技術を活用して問題を発見・解決する方法を身に付けること。 （イ）情報に関する法規や制度，情報セキュリティの重要性，情報社会における個人の責任及び情報モラルについて理解すること。 （ウ）情報技術が人や社会に果たす役割と及ぼす影響について理解すること。	（ア）目的や状況に応じて，情報と情報技術を適切かつ効果的に活用して問題を発見・解決する方法について考えること。 （イ）情報に関する法規や制度及びマナーの意義，情報社会において個人の果たす役割や責任，情報モラルなどについて，それらの背景を科学的に捉え，考察すること。 （ウ）情報と情報技術の適切かつ効果的な活用と望ましい情報社会の構築について考察すること。	※内容には，学びに向かう力，人間性等について示されていないことから，該当科目の目標(3)を参考にする。

	知識・技能	思考・判断・表現	主体的に学習に取り組む態度
内容のまとまりごとの評価規準例	・情報や情報メディアの特性を踏まえ，情報と情報技術を活用して問題を発見・解決する方法を身に付けている。 ・情報に関する法規や制度，情報セキュリティの重要性，情報社会における個人の責任及び情報モラルについて理解している。 ・情報技術が人や社会に果たす役割と及ぼす影響について理解している。	・目的や状況に応じて，情報と情報技術を適切かつ効果的に活用して問題を発見・解決する方法について考えている。 ・情報に関する法規や制度及びマナーの意義，情報社会において個人の果たす役割や責任，情報モラルなどについて，それらの背景を科学的に捉え，考察している。 ・情報と情報技術の適切かつ効果的な活用と望ましい情報社会の構築について考察している。	・情報社会における問題の発見・解決に，情報と情報技術を適切かつ効果的に活用しようとしている。また，自己調整しながら，解決する過程や解決案を自ら評価し改善しようとしている。 ・情報モラルに配慮して情報社会に主体的に参画しようとしている。 ※必要に応じて各教科等の評価の観点の趣旨（「主体的に学習に取り組む態度」に関わる部分）等を用いて作成する。

※　各学校においては，「内容のまとまりごとの評価規準」の考え方を踏まえて，各学校の実態を考慮し，単元の評価規準を作成する。具体的には第3編において事例を示している。

第2編

- 34 -

第３編

単元ごとの学習評価について

（事例）

第1章　「内容のまとまりごとの評価規準」の考え方を踏まえた評価規準の作成

1　本編事例における学習評価の進め方について

　各教科及び科目の単元における観点別学習状況の評価を実施するに当たり，まずは年間の指導と評価の計画を確認することが重要である。その上で，学習指導要領の目標や内容，「内容のまとまりごとの評価規準」の考え方等を踏まえ，以下のように進めることが考えられる。なお，複数の単元にわたって評価を行う場合など，以下の方法によらない事例もあることに留意する必要がある。

評価の進め方	留意点
1　単元の目標を作成する	○　学習指導要領の目標や内容，学習指導要領解説等を踏まえて作成する。 ○　生徒の実態，前単元までの学習状況等を踏まえて作成する。 ※　単元の目標及び評価規準の関係性（イメージ）については下図参照 **単元の目標及び評価規準の関係性について（イメージ図）** 学習指導要領　　第1編第2章1（2）を参照 「内容のまとまりごとの評価規準」 学習指導要領解説等を参考に，各学校において授業で育成を目指す資質・能力を明確化 「内容のまとまりごとの評価規準」の考え方等を踏まえて作成 単元の目標　　第3編第1章2を参照 単元の評価規準 ※　外国語科においてはこの限りではない。
2　単元の評価規準を作成する	
3　「指導と評価の計画」を作成する	○　1，2を踏まえ，評価場面や評価方法等を計画する。 ○　どのような評価資料（生徒の反応やノート，ワークシート，作品等）を基に，「おおむね満足できる」状況（B）と評価するかを考えたり，「努力を要する」状況（C）への手立て等を考えたりする。
授業を行う	○　3に沿って観点別学習状況の評価を行い，生徒の学習改善や教師の指導改善につなげる。
4　観点ごとに総括する	○　集めた評価資料やそれに基づく評価結果などから，観点ごとの総括的評価（A，B，C）を行う。

2 単元の評価規準の作成のポイント

（1）共通教科情報科における「内容のまとまり」と単元との関係

　　単元とは，生徒に指導する際の内容や時間のまとまりを各学校の実態に応じて適切に構成したものである。共通教科情報科において単元を構成する際には，「内容のまとまり」を幾つかに分割して単元とする場合や，「内容のまとまり」をそのまま単元とする場合，幾つかの「内容のまとまり」を組み合わせて単元とする場合等，様々な場合が考えられることに留意する必要がある。

（2）共通教科情報科における単元の評価規準作成の手順

　　共通教科情報科においては，単元の目標と第2編に示した「内容のまとまりごとの評価規準（例）」を基に，単元の評価規準を作成する。その際，高等学校学習指導要領の内容における（内容の取扱い）の各事項も含めて評価規準を設定する。なお，（1）で示した「内容のまとまり」と単元の関係に留意し，高等学校学習指導要領解説（情報編）の記述も参考にして評価規準を設定することが大切である。

単元の評価規準作成のポイントは，以下のとおりである。

（1）知識・技能

　　基本的に，単元の目標と「内容のまとまりごとの評価規準（例）」を基に，高等学校学習指導要領の内容における（内容の取扱い）の各事項も含めて評価規準を設定する。

　　単元の目標を基に設定することについては，例えば，「(2) コミュニケーションと情報デザイン」のアの(イ)及びイの(イ)を単元とした場合，「(2) コミュニケーションと情報デザイン」のアの(イ)に「情報デザインが人や社会に果たしている役割を理解すること」と示されている。このことから，高等学校学習指導要領解説（情報編）の記述も参考にして，「情報デザインが人や社会に果たしている役割を理解している」などの評価規準を設定する。また，（内容の取扱い）に「身近で具体的な情報デザインの例を基に，コンピュータなどを簡単に操作できるようにする工夫，年齢や障害の有無，言語などに関係なく全ての人にとって利用しやすくなる工夫などを取り上げる」と示されていることから，それらに関わる評価規準を設定する。

（2）思考・判断・表現

　　基本的に単元の目標と「内容のまとまりごとの評価規準（例）」を基に，高等学校学習指導要領の内容における（内容の取扱い）の各事項も含めて評価規準を設定する。

　　単元の目標を設定することについては，例えば，「(3) コンピュータとプログラミング」のアの(イ)及びイの(イ)を単元とした場合，「(3) コンピュータとプログラミング」のイの(イ)に「目的に応じたアルゴリズムを考え適切な方法で表現し，プログラミングによりコンピュータや情報通信ネットワークを活用するとともに，その過程を評価し改善すること」と示されている。このことから，高等学校学習指導要領解説(情報編)の記述も参考にして，「目的に応じたアルゴリズムを考え適切な方法で表現し，プログラミングによりコンピュータや情報通信ネットワークを活用するとともに，その過程を評価し改善することができる」などの評価規準を設定する。また，（内容の取扱い）に「関数の定義・使用によりプログラムの構造を整理するとともに，性能を改善する工夫の必要性についても触れる」と示されていることから，それらに関わる評価規準を設定する。

（3）主体的に学習に取り組む態度

　基本的に，単元の目標と「内容のまとまりごとの評価規準（例)」を基に，当該内容のまとまりで育成を目指す「知識及び技能」や「思考力，判断力，表現力等」の指導事項等を踏まえて評価規準を設定する。単元の目標を設定することについては，例えば，「(1) 情報社会の問題解決」の全体を単元とした場合，「内容のまとまりごとの評価規準（例)」は，「情報社会における問題の発見・解決に，情報と情報技術を適切かつ効果的に活用しようとしている。また，自己調整しながら，解決する過程や解決案を自ら評価し改善しようとしている。」「情報モラルに配慮して情報社会に主体的に参画しようとしている。」である。これを基に，単元の評価規準を，

「情報社会における問題の発見・解決に，情報と情報技術を適切かつ効果的に活用しようとしている」

「自己調整しながら，解決する過程や解決案を自ら評価し改善しようとしている」

「情報モラルに配慮して情報社会に主体的に参画しようとしている」

などと分割して設定する。

第2章　学習評価に関する事例について

1　事例の特徴

第1編第1章2（4）で述べた学習評価の改善の基本的な方向性を踏まえつつ，平成30年に改訂された高等学校学習指導要領の趣旨・内容の徹底に資する評価の事例を示すことができるよう，本参考資料における事例は，原則として以下のような方針を踏まえたものとしている。

○　単元に応じた評価規準の設定から評価の総括までとともに，生徒の学習改善及び教師の指導改善までの一連の流れを示している

本参考資料で提示する事例は，単元の評価規準の設定から評価の総括までとともに，評価結果を生徒の学習改善や教師の指導改善に生かすまでの一連の学習評価の流れを念頭においたものである。なお，観点別の学習状況の評価については，「おおむね満足できる」状況，「十分満足できる」状況，「努力を要する」状況と判断した生徒の具体的な状況の例などを示している。「十分満足できる」状況という評価になるのは，生徒が実現している学習の状況が質的な高まりや深まりをもっていると判断されるときである。

○　観点別の学習状況について評価する時期や場面の精選について示している

報告や改善等通知では，学習評価については，日々の授業の中で生徒の学習状況を適宜把握して指導の改善に生かすことに重点を置くことが重要であり，観点別の学習状況についての評価は，毎回の授業ではなく原則として単元や題材など内容や時間のまとまりごとに，それぞれの実現状況を把握できる段階で行うなど，その場面を精選することが重要であることが示された。このため，観点別の学習状況について評価する時期や場面の精選について，「指導と評価の計画」の中で，具体的に示している。

○　評価方法の工夫を示している

生徒の反応やノート，ワークシート，作品等の評価資料をどのように活用したかなど，評価方法の多様な工夫について示している。

2 各事例概要一覧と事例

事例1 キーワード　指導と評価の計画から評価の総括まで
「情報社会の問題解決」

　「情報社会の問題解決」の単元を例として，単元の目標や単元の評価規準の設定から，指導と評価の計画の作成，観点別学習状況の評価の進め方，単元における観点別学習状況の評価の総括に至る流れを示した事例である。3観点の評価の進め方については具体的な場面を取り上げて簡潔に示し，単元における評価の総括の進め方については複数の方法を例示している。

事例2 キーワード　「知識・技能」の評価
「データの活用」

　「データの活用」の単元を例として，「知識・技能」の観点について評価する方法を示した事例である。本事例では，小単元における「知識・技能」の観点の評価の進め方や，指導と評価の在り方についての例を示している。「知識・技能」の観点の評価については，授業における生徒の「知識及び技能」がどの程度定着しているか，個々の知識を結び付けて概念が形成されているかを見取ることが大切である。本事例では，そのためのワークシートや小テスト作成の例を示し，「知識・技能」の観点について評価する方法を示している。

事例3 キーワード　「思考・判断・表現」の評価
「プログラミングとシミュレーション」

　「プログラミングとシミュレーション」の単元を例として，「思考・判断・表現」の観点について評価する方法を示した事例である。本事例では，アルゴリズム，プログラミング，モデル化とシミュレーションについて，試行錯誤の過程を記述させたり，ワークシートのコメントやアンケートの回答なども併せて対象にしたりするなど，「思考・判断・表現」の観点について評価する方法を示している。この単元については，生徒が優れた成果を示すことが予想されるため，「おおむね満足できる」状況（B）だけでなく「十分満足できる」状況（A）について，予想される類型も含めて評価の観点を示している。

事例4 キーワード　「主体的に学習に取り組む態度」の評価
「情報デザイン」

　「情報デザイン」の単元を例として，「主体的に学習に取り組む態度」の観点について評価する方法を示した事例である。本事例では，これまでの一連の学習活動を振り返ることを通して，今後学習活動にどう取り組んでいくかの調整をしようとする態度を養うことについて取り上げている。「主体的に学習に取り組む態度」の観点の評価の方法については，毎時間「振り返りフォーム」に学びの振り返りを記録させ，学習に粘り強く取り組む態度を育む場面を設定するとともに，その変化を見取ることで，自らの学習を調整しようとする態度を評価する方法を示している。

情報科　　事例1

キーワード　指導と評価の計画から評価の総括まで

単元名	内容のまとまり
情報社会の問題解決	情報社会の問題解決

1　単元の目標

(1) 情報やメディアの特性を踏まえ，情報と情報技術を活用して問題を発見・解決する方法を身に付けるとともに，情報に関する法規や制度，情報セキュリティの重要性，情報社会における個人の責任及び情報モラルについて理解し，情報技術が人や社会に果たす役割と及ぼす影響について理解する。

(2) 目的や状況に応じて，情報と情報技術を適切かつ効果的に活用して問題を発見・解決する方法について考えるとともに，情報に関する法規や制度及びマナーの意義，情報社会において個人の果たす役割や責任，情報モラルなどについて，それらの背景を科学的に捉え，考察し，情報と情報技術の適切かつ効果的な活用と望ましい情報社会の構築について考察する。

(3) 情報社会との関わりについて考えながら，問題の発見・解決に向けて主体的に情報と情報技術を活用し，自ら評価し改善するとともに，望ましい情報社会の構築に寄与しようとしている。

2　単元の評価規準

知識・技能	思考・判断・表現	主体的に学習に取り組む態度
①情報やメディアの特性を踏まえ，情報と情報技術を活用して問題を発見・解決する方法を身に付けている。 ②情報に関する法規や制度，情報セキュリティの重要性，情報社会における個人の責任及び情報モラルについて理解している。 ③情報技術が人や社会に果たす役割と及ぼす影響について理解している。	①目的や状況に応じて，情報と情報技術を適切かつ効果的に活用して問題を発見・解決する方法について考えている。 ②情報に関する法規や制度及びマナーの意義，情報社会において個人の果たす役割や責任，情報モラルなどについて，それらの背景を科学的に捉え考察している。 ③情報と情報技術の適切かつ効果的な活用と望ましい情報社会の構築について考察している。	①情報社会の問題を発見することを通して，より広く深い学びに取り組み，情報と情報技術を適切かつ効果的に活用しようとしている。 ②情報モラルに配慮して情報社会に主体的に参画しようとしている。 ③情報社会の問題解決を通して，望ましい情報社会の構築に寄与しようとしている。

3　指導と評価の計画（13時間）

　(ア)の問題を発見・解決する方法の学習を始めに行うとともに，それらの学習の成果を生かす形で(ア)(イ)(ウ)の内容を総合的に進め，最後に「単元のまとめ」を行うような構成とし，それぞれの授業時間数を次のように定めた。

小単元等	授業時間数	
(ア) 情報を活用した問題を発見・解決する方法	11時間	13時間
(イ) 情報社会における個人の責任		
(ウ) 望ましい情報社会の構築		
単元のまとめ	2時間	

　学習評価については，指導と評価の一体化の観点から，生徒に対して行った評価が教師の指導改善や生徒の学習改善に生かされることが重要である。そのため，現時点における生徒の到達度を教員が認識し補助的な指導を追加したり，また，必要に応じて口頭などで生徒に到達度を示したり生徒自身による改善を促したりすることに重点をおいた評価と，生徒の到達度を見極め，総括される内容の一つとして採用する評価（記録する評価）を分ける工夫を施した計画を作成した。

　これにより柔軟で現実的な評価の方法が考えられることになり，例えば前半は記録しない評価を中心に行い生徒の習熟を促し主体的に学習に取り組む態度を育て，そして，生徒が自己調整力とともに評価改善し身に付けた，知識・技能や思考・判断・表現を後半に記録する，という形式も考えられる。また，その中でも，前半での内容をある程度総括に反映させることも可能になる。

　各授業時間の指導のねらい，生徒の学習活動及び重点，評価方法等は次の表のとおりである。

時間	ねらい・学習活動	重点	記録	備考
1	○情報社会における問題 ・既存の知識で情報社会の問題を考え表現することを通して，問題を発見，解決するために何が必要かを考えることができるようにする。 ・既存の知識から情報社会の諸問題を発見することを通して，より広く深い学びに関心をもつことができるようにする。	態		思①：発表 態①：ワークシート
2	○問題の定義と問題解決の進め方 ・「情報」や「問題」という言葉の定義を理解し問題を発見するとともに問題の明確化を行うことができるようにする。	知		知①：ワークシート
3	○アイデアを生み出す方法 ・フレームワークやブレーンストーミングを適切かつ効果的に活用しながら，問題を発見する方法について考えることができるようにする。 ・フレームワークやブレーンストーミング等のシンキングツールを効果的に活用しようとしている。	思		思①：ワークシート 態①：ワークシート
4	○アイデアをまとめる方法 ・カードを用いたアイデア整理の際，情報や情報機器を適切	思		知①：ワークシート

－ 43 －

	に活用する技能を身に付けることができるようにする。 ・カードを用いたアイデア整理法を用いながら未来の情報機器を考え，望ましい情報社会の構築について考察できるようにする。			思①③：発表
5	○現在の情報システム ・未来の情報機器の開発を通して，現在の情報システムや情報技術を理解できるようにする。	知		知②：ワークシート
6	○問題の整理と解決策の立案，情報モラル ・情報と情報技術を用いて，自分の携帯端末利用の問題や情報モラルについて科学的に捉え，解決策を考えることができるようにする。	思		思①②：ワークシート
7	○図解による解決策の決定 ・問題解決のための座標軸などを利用することを通して，情報機器を適切に活用できるようにする。 ・情報機器の利用に関する問題解決について，相手への提案を通して情報モラルを高め情報社会に参画しようとしている。	態	○	態①②：発表
8	○数値による解決策の決定 ・問題解決のためのマトリクス表を利用するために，情報に関する法規や制度，情報セキュリティの重要性，情報社会における個人の責任及び情報モラルについて理解できるようにする。 ・目的や状況に応じて表計算ソフトウェアを用いながら，より合理的な解決策を判断できるようにする。	知	○	知①②：ワークシート 思②：ワークシート
9	○グラフと情報リテラシー ・情報に関する法・制度，情報セキュリティの重要性を，情報技術の発達と社会の影響の側面から科学的に捉え考察できるようにする。	思	○	思①②：発表
10	○情報技術の進展に伴う人間の生活や社会への影響 ・社会の情報化が人に与える影響について関心を持つことができるようにする。	態		態③：発表
11	○これからの情報社会 ・情報技術が人や社会に及ぼす影響について理解できるようにする。	知	○	知③：ワークシート
12	○単元のまとめ ・地域に向けたSNS講座を企画・提案する活動を通して，地域の抱える問題を発見するとともに，講座の内容や開催方法を具体的に考え，提案できるようにする。	思	○	思①②③：発表
13		態	○	態①②③：発表

※指導と評価の計画について「重点」と「記録」を明記している。

※表中の「重点」は，重点的に生徒の学習状況を見取る観点を示している。重点としていない観点についても，生徒の学習状況を評価し，教師の指導改善や生徒の学習改善に生かすことは重要である。

※観点の略称は，知識・技能：知，思考・判断・表現：思，主体的に学習に取り組む態度：態とした。

※表中の「記録」は，評価規準に照らして，「十分満足できる」状況（A），「おおむね満足できる」状況（B），「努力を要する」状況（C）のいずれであるかを判断し，全員の学習状況を記録に残すものに〇を付している。

表中の「備考」は，生徒の学習状況を把握するために想定される評価方法を次のように示している。

- 発表 ：個人，ペア，3人，4人での発表の場面において，伝え方，伝える内容，発表に用いた資料，聞く態度，ディスカッションの様子等における特徴的な場面を捉えて評価する。
- ワークシート：授業中に書き込んだデジタルワークシートを回収し，ポートフォリオとして保存し比較検討できるようにするとともに，その内容について，特徴的な場面を捉えて評価する。

なお，練習や発表などの活動の様子を動画で撮影するなどにより，次のような活動も期待できる。

- 生徒各個人が後から見て振り返り，自己評価を行い，評価改善を行う。
- 生徒が動画を互いに共有・視聴し，相互評価を行うなどして，互いの評価改善を促す。
- 教員が授業や生徒の様子の観察材料とし，評価を行うとともに，自らの授業改善に資する。

4 観点別学習状況の評価の進め方

（1）知識・技能

「資質・能力の三つの柱に沿った情報活用能力の整理」においては，「知識及び技能」については次のように示されている。

情報と情報技術を活用した問題の発見・解決等の方法や，情報化の進展が社会の中で果たす役割や影響，情報に関する法・制度やマナー，個人が果たす役割や責任等について情報の科学的な理解に裏打ちされた形で理解し，情報と情報技術を適切に活用するために必要な技能を身に付けていること。

高等学校共通教科情報科においては，情報と情報技術及びこれらを活用して問題を発見・解決する方法について理解を深め技能を習得しているか，また，情報社会と人との関わりについての理解を深めているかどうかについて評価し，特に情報Ⅰにおいては，効果的なコミュニケーションの実現，コンピュータやデータの活用について理解を深め技能を習得できているかという側面から評価する。これらのことから，「情報社会の問題解決」では，情報そのものの特徴を理解した上で，情報と情報技術を適切に活用した問題の発見方法や解決のための知識，情報に関する法規や制度及びマナー，問題を実践的に解決するためのコンピュータやアプリケーションソフト等に関する操作等が評価の対象として挙げられる。

ただし，知識・技能の文脈としては，「これらを活用して問題を発見・解決する」ことが主であり，知識や技能そのものを身に付けること自体が目的とならないように十分注意する必要がある。例えば，本単元の7時間目「図解による解決策の決定」では，プレゼンテーションソフトウェアをワークシートとして用いて図解表現を行うが，あくまでも主は「解決策を求める」ために活用するのであって，アプリケーションの使い方そのものが目的とはなっていない点に注意が必要である。

（2）思考・判断・表現

　「資質・能力の三つの柱に沿った情報活用能力の整理」においては，「思考・判断・表現」については次のように示されている。

　様々な事象を情報とその結び付きの視点から捉え，複数の情報を結び付けて新たな意味を見いだす力や，問題の発見・解決に向けて情報技術を適切かつ効果的に活用する力を身に付けていること。

　共通教科情報科においては，様々な事象を情報とその結び付きとして捉え，問題の発見・解決に向けて情報と情報技術を適切かつ効果的に活用する力が養われているかについて評価する。「情報社会の問題解決」では，情報に関する法規や制度及びマナーの意義，情報社会において個人の果たす役割や責任，情報モラルなどについて，背景を科学的に捉え考察できているのかについて評価する。

　また，情報や情報技術，とりわけコンピュータや情報通信ネットワークを生かし，「適切かつ効果的に」活用することが求められている点に注意が必要である。

（3）主体的に学習に取り組む態度

　「資質・能力の三つの柱に沿った情報活用能力の整理」においては，「学びに向かう力，人間性等」については次のように示されている。

　情報や情報技術を適切かつ効果的に活用して情報社会に主体的に参画し，その発展に寄与しようとする態度を身に付けていること。

　共通教科情報科においては，情報と情報技術を適切に活用するとともに，情報社会に主体的に参画する態度が養われているかについて評価する。「情報社会の問題解決」では，問題解決学習の成果を基に，よりよい情報社会のために，情報及び情報技術を用いて自ら進んで問題を発見し解決できるような考え方・態度を持ち合わせているのかについて評価するようにし，単に授業を受ける態度や挙手の回数などだけで判断しないように注意が必要である。

　また，広がりや深まりなど，学びに向かう力がどのように変化していったのか，どのように自らの学びを調整していったのか等を確認するため，複数回における提出物や内容等の変容を確認し評価するなどの工夫も考えられる。

5　観点別学習状況の評価の総括

（1）基本的な考え方

　観点別学習状況の評価は，生徒の学習状況を把握し，教師の授業改善や生徒への追加的指導，ま

た，生徒自身の学びに向かう自己調整力を高めるために行われるべきものであるため，その評価を基に，それを学習指導や授業改善にどのように生かしていくのかを念頭において進めて行く必要がある。一方で，一人の教師が生徒を見る場面には物理的な限界があることも否めないため，適切に評価計画を立てていく必要もある。この二つのバランスをしっかりと取り，生徒に対して適切な総括を進めていく必要がある。

（2）評価の場面と記録

　ここに挙げている例は，評価を進めて行く上で，改善を主においた「記録しない」評価と，評定を意識した「記録する」評価の二つを設定して進めていくものである。つまり，指導した直後に評価することだけではなく，何回かの指導を施した上で評価を進めていくような形など，評価の場面についても工夫の余地がある。

　一般的には，「記録する」評価を記載するための表を用意し，その表に記入された評価を基に総括を進めていくことが多いが，例えば「初めからよく努力し達成度が高かったが，記録する評価を行う時のみ達成度が偶然低くなっている」ような生徒も想定される。これらケースなどは，例えば特記事項を書く欄も用意し，必要に応じて総括の資料に反映させる等の工夫も考えられる。

表：評価表の例

番号	氏名	第7時 態	第8時 知	第9時 思	第11時 知	第12・13時 思	第12・13時 態	備考（特記事項等）	総括 知	総括 思	総括 態
1	○○　　○○	B	B	A	B	B	A		B	A	A
2	△△　　△△	B	A	A	B	A	A		A	A	A
3	◇◇　　◇◇	B	B	A	C	B	B		B	A	B

（3）単元における総括の進め方

　評価を記載した表などの資料を基に総括を進めていくには，例えば次のような方法が考えられる。

ア　数値に変換し合計や平均値などを用いる方法

　例えば，A＝3，B＝2，C＝1と点数化し，観点ごとに合計や平均値を求め，その数値を基に決めていくことが考えられる。例えば，「思考・判断・表現」の観点において，第9時の評価がA（＝3点），第12時の評価がB（＝2点）の場合，3＋2＝5点，と計算される。このとき，総括での得点は最高6点，最低2点であり，6～5点をA，4～3点をB，2点をCとすると，この生徒の「思考・判断・表現」の総括は「A」となる。

イ　ABCの数のパターンにより，あらかじめ総括された評価を決めておく方法

　例えば，2回分の評価がAAであればA，BBであればB，などのように，あらかじめパターンごとに評価を決めておく方法もある。

　その他，生徒の学習は指導の経過とともに深まると考えて，単元の後半の評価を重視する方法もある。例えば，「主体的に学習に取り組む態度」の評価について，課題解決活動への取組状況をもとに評価する場合，はじめは「努力を要する」状況（C）であったが，その後，「おおむね満足できる」状況（B）と評価が変化した場合，単元における総括をBとし，「十分満足できる」状況（A）と評価が変化した場合は，単元における総括をAとすることが考えられる。

　単元における総括については，観点の特性に配慮して上記の方法を組み合わせるなど，様々な考え方や方法がある。各学校において工夫することが大切となる。

単元名	内容のまとまり
データの活用	情報通信ネットワークとデータの活用

1　単元の目標

(1)　データを表現，蓄積するための表し方と，データを収集，整理，分析する方法について理解し技能を身に付ける。

(2)　データの収集，整理，分析及び結果の表現の方法を適切に選択し，実行し，評価し改善する。

(3)　問題の発見・解決にデータを活用するために，適切なデータの選択や，分析の仕方，解釈の仕方について，粘り強く取り組み，試行錯誤を通じて改善しようとしている。

2　単元の評価規準

知識・技能	思考・判断・表現	主体的に学習に取り組む態度
①データを問題の発見・解決に活用するために，データを収集，整理，分析する一連のデータ処理の流れ及び，データの特徴を表す指標と，その評価について理解している。 ②名義尺度，順序尺度，間隔尺度，比例尺度などのデータの尺度水準の違い，「質的データ」と「量的データ」などの扱い方の違いを理解する。データの内容や形式を踏まえて，その収集方法を理解するとともに技能を身に付けている。 ③データに含まれる欠損値や外れ値の扱いやデータを整理，変換する必要性を理解する。基礎的な分析及び可視化の方法を理解するとともに技能を身に付けている。	①必要なデータの収集について，選択，判断し，それに応じて適切なデータの整理や変換の方法を判断することができる。また，分析の目的に応じた方法を選択，処理したり，その結果について多面的な可視化を行うことにより，データに含まれる傾向を見いだすことができる。 ②データの傾向に関して評価するために，客観的な指標を基に判断し，自身の考えを基にした適切な解釈を行うことができる。	①問題の発見・解決にデータを活用するために，適切なデータの選択や，分析の仕方，解釈の仕方について，粘り強く取り組み，試行錯誤を通じて改善しようとしている。

3 指導と評価の計画（12時間）

「(4) 情報通信ネットワークとデータの活用」（ウ）を単元とし，二つの小単元で構成し，それぞれの時間数を次のように定めた。

小単元等	授業時間数	
データの活用	9時間	12時間
単元のまとめ	3時間	

各授業時間の指導のねらい，生徒の学習活動及び重点，記録の有無，評価方法については次の表のとおりである。

時間	ねらい・学習活動	重点	記録	備考
1	○データの特徴を表す指標 「最も安定したストライカーは○○選手である」という友人の主張の信ぴょう性をどのように判断したら良いか考察する活動を通し， ● 平均や分散，偏差値といったデータの特徴を表す指標と，その評価について理解できるようにする。 ● データの整理や変換の方法を判断する力，分析の目的に応じた方法を選択，処理する力，その結果について多面的な可視化を行うことにより，データに含まれる傾向を見いだす力を身に付けられるようにする。	知 思		知①：ワークシート 思①：ワークシート
2	○問題の解決に必要なデータ 「新薬 XX は，YY 病に効果がある」という主張の信ぴょう性をどう判断したら良いか考察し，対照群の意味と必要性を発見する活動を通し， ● 必要なデータの収集について，選択，判断する力を身に付けられるようにする。	思		思①：ワークシート
3	○相関と相関係数，散布図 データを可視化する方法と，相関の概念と相関係数の意味を理解し，学習クラウドを利用した小テストに取り組み，表計算ソフトを用いて，散布図を描き相関係数を求め，その関係についての解釈を記述する活動を通して， ● 一連のデータ処理の流れ及び，データの特徴を表す指標と，その評価について理解できるようにする。 ● データの傾向に関して評価するために，客観的な指標を基に判断する力，自身の考えを基にした適切な解釈を行う力を身に付けられるようにする。	知 思	○ ○	知①：デジタルワークシート 思②：デジタルワークシート
4	○相関の有無の判断 一つのデータに対して，相関の有無について矛盾する解釈を			

	している二つの文章を比較し，信ぴょう性を評価することを通して， ● 客観的な指標を基に判断する力を身に付けられるようにする。 ● 客観的な指標を基に，データの傾向を評価し，適切な解釈を行おうとする。	思 態		思②：ワークシート 態①：ワークシート
5	○相関と因果 相関があるデータについて，因果関係があるかどうか考察し，相関と因果の違いを理解する活動を通して， ● データの特徴を表す指標と，その評価について理解することができるようにする。	知		知①：ワークシート
6	○情報の信ぴょう性を判断するための Tips 作り これまでの学習を振り返り，情報の信ぴょう性を判断するための Tips（コツや方法）をまとめることを通し， ● データを問題の発見・解決に活用するために，データを収集，整理，分析する一連のデータ処理の流れ及び，データの特徴を表す指標と，その評価について理解することができるようにする。	知	○	知①：ワークシート
7	○仮説とその検証に必要なデータの考察 スマートフォン依存度はどんなデータと相関がありそうか仮説を立て，その仮説を検証するために必要なデータを考察する活動を通し， ● データを問題の発見・解決に活用するために，必要なデータの取扱いに関する知識を理解しようとする。	態	○	態①：ワークシート
8	○尺度の理解とアンケートの作成 尺度とデータの種類に関する解説を聞いた上で学習クラウドを利用した小テストに取り組み，仮説を検証するために必要なデータを収集するためのアンケート項目を考察する活動を通し， ● 名義尺度，順序尺度，間隔尺度，比例尺度などのデータの尺度水準の違い，「質的データ」と「量的データ」などの扱い方の違いを理解する。データの内容や形式を踏まえて，その収集方法を理解するとともに技能を身に付けられるようにする。	知	○	知②：ワークシート，小テスト
9	○アンケートデータの分析 欠損値や外れ値の扱いに関する解説を聞いた上で，散布図やヒストグラムなどのグラフを描き，相関係数を求める活動を通し，			

		データに含まれる欠損値や外れ値の扱いやデータを整理，変換する必要性及び，基礎的な分析及び可視化の方法を理解するとともに技能を身に付けられるようにする。	知	○	知③：ワークシート
		多面的な可視化を行うことにより，データに含まれる傾向を見いだす力を身に付ける。	思	○	思①：ワークシート
10 11 12	○単元のまとめ 自分の仮説が立証されたかどうかを，これまでの学習と活動を振り返りながら，データの収集，処理，分析のそれぞれの過程について触れたレポート形式のワークシートに記述する活動を通して，	データを問題の発見・解決に活用するために，一連のデータ処理の流れ及びその評価について理解することができるようにする。 必要なデータの収集について，分析の目的に応じて，適切なデータの整理や変換の方法を判断し，データに含まれる傾向を見いだそうとしている。	知 態	○	知①：ワークシート 態①：ワークシート

※表中の「重点」と観点の略称，「記録」の扱いは，事例1と同様。

4 観点別学習状況の評価の進め方

（1）第9時における「知識・技能」の指導と評価

　　本時においては，「知識・技能」「思考・判断・表現」について，全員の記録をとる評価を行う。

①目標

- データに含まれる欠損値や外れ値の扱いやデータを整理，変換する必要性及び，基礎的な分析及び可視化の方法を理解する。
- 多面的な可視化を行うことにより，データに含まれる傾向を見いだす力を身に付ける。

②評価規準

- 欠損値と外れ値の扱いについて記録している。
- グラフと指標，相関の強さなどから，データの傾向を見いだすことができる。

③第9時の展開

学習活動	評価と配慮事項
1．グラフの作成と，相関係数の計算，解釈を考える，という本時の流れを確認する。	・学習活動の一連の過程を確認し，本時の目標を確認させる。
2．欠損値と外れ値の扱いについての解説を聞き，扱い方を確認する。	
3．アンケートの回答データを確認し，欠損値や外れ値を，理由と処理の方法をワークシート（下図右）に記録した上で処理する。	・使用しないデータについて削除するなど，作業しやすい環境を整えさせる（下図左）。
4．表計算ソフトウェアを利用し，回答デー	

タから散布図とヒストグラムを作成し，相関係数を求める。	・この時点で気付いた外れ値についても，ワークシート（下図右）に記入させる。

加工後のアンケートデータ

	A 依存度得点	B 26.睡眠時間(分)
2	78	300
3	33	360
4	46	7
5	46	360
6	36	300
7	53	480
8	66	5
9	69	390
10	55	410
11	45	450

ワークシート

課題2　アンケート結果をグラフと相関係数から分析しよう

1．欠損値と外れ値の処理を行い，どう扱ったかを理由とともに記録します
2．グラフ（散布図）を作成します
3．相関係数を計算させます
4．グラフと相関係数から，アンケート結果を分析しよう

1．欠損値と外れ値の処理を行い，どう扱ったかを理由とともに記録します

欠損値と外れ値をどう処理したか	
その理由	

4.相グラフと相関係数から，アンケート結果を分析しよう

相関係数	
相関関係	
この結果からわかること・自分の解釈	

5．グラフと相関関係を踏まえ，データから何が言えるかを考察しワークシートに記述する。	・机間指導を行い記述が進まない生徒について，データで注目すべき点を示し記述を促す。
6．ペアの相手に対して，グラフと相関係数を示した上で，自分の解釈を説明する。	・説明をさせることで，自分の解釈に誤りがないかどうか気付かせる。
7．ワークシートを提出する。	・ワークシートを基に，知③思①の評価を行う。

④第9時における「知識・技能」の指導と評価の方法

　本時の評価規準は，「欠損値と外れ値の扱いについて記録している」である。以下に示すのは，生徒の記述例に対する評価と評価の視点の例である。

評価	評価の視点	生徒の記述例
「おおむね満足できる」状況(B)	・欠損値と外れ値をどのように扱ったか記録がある。	「削除した」「時間の回答を分に修正した」

（2）本単元「データの活用」における「知識・技能」の評価の方法

①第3時「〇相関と相関係数，散布図」の中で，デジタルワークシートを基に評価する例

　本時では，数学で学習した相関の概念を技能として活用できているかどうかを評価する。最初に理解度を確認するため，学習クラウドを利用した小テストに取り組ませる。学習クラウドを利用した小テストでは，自動的に採点が行われ，誤った解答に対しては，あらかじめ教師が設定したフィードバックを示すことができる。繰り返し小テストに取り組ませることができるため，フィードバックをもとに自分のペースで学習することができる。次に表計算ソフトを用いて，散布図の作成と相関係数の計算を行わせる。それらを基に判断した相関の強さと，データの関係性の解釈を，それぞれ表計算ソフトに記録させる。この散布図，相関係数，データの解釈をまとめて記述したスプレッドシートをデジタルワークシートとして，学習クラウド上に提出させる。散布図と相関係数を計算した部分を，技能の評価として用いる。

②第６時 「○情報の信ぴょう性を判断するための Tips 作り」の中で，ワークシートの記述を基に評価する例

本時では最初に，情報の信ぴょう性を判断するための Tips（コツ）を，付箋を使ったグループワークで出し合う活動を行う（下図左）。次に，個人でワークシートに Tips をまとめる活動（下図右）を行う。

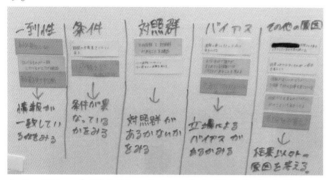

ここでは，右図のワークシートに書かれた内容をもとに評価を行う。Tips にこれまでに学習した対照群，相関関係と因果関係，といったデータを収集・整理・分析する上で理解しておくべき知識が書かれているかどうかを評価する。Tips としてまとめた時，「きちんとデータを見る」といったこれまで学習した内容とは違う表現を用いることもあるため，Tips の元になったこれまでの学習の記録も合わせて記述させ，学習した内容を利用しているか教師が判断できるようにしている。

③第８時「○尺度の理解とアンケートの作成」の中で，ワークシートの記述と小テストを基に評価する例

この授業では，尺度に関する解説を行った後に，学習クラウドを利用した小テスト（下図左）を行い，知識が定着しているか評価する。続いて，前の時間に考案したスマートフォン依存度と関係しそうなことは何かについての仮説を検証するためのアンケートの質問を考案させる。質問は２問考案させ，１問目の回答データは散布図と相関係数を用いた分析に利用するため，回答データが量的データとなるように指示する。２問目は，クロス集計を利用することも可能とし，質的データも可とする。この時に，どのようなデータを自分が収集しているのか意識させるため，ワークシート（下図右）に自分が集めているデータが「質的データ」「量的データ」のどちらか，尺度は何かを記録させる。ここでは，ワークシートの質問文と，データの種類と尺度の記録が一致しているかどうかを見て，概念を正しく理解できているか評価する。例えば，睡眠時間を質問している時に「比率尺度」と記録できているか，就寝時刻を質問している時に「間隔尺度」と記録できているかどうかを見る。また，小テストの最終的な到達点も合わせて評価する。

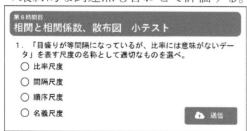

情報科　　事例3

キーワード　「思考・判断・表現」の評価

単元名	内容のまとまり
プログラミングとシミュレーション	コンピュータとプログラミング

1　単元の目標

(1)　アルゴリズムを表現する手段，プログラミングによってコンピュータや情報通信ネットワークを活用する方法について理解し技能を身に付けるとともに，社会や自然などにおける事象をモデル化する方法，シミュレーションを通してモデルを評価し改善する方法について理解する。

(2)　目的に応じたアルゴリズムを考え適切な方法で表現し，プログラミングによりコンピュータや情報通信ネットワークを活用し，その過程を評価し改善するとともに，目的に応じたモデル化やシミュレーションを適切に行い，その結果を踏まえて問題の適切な解決方法を考える。

(3)　プログラミングやシミュレーションによって問題を発見・解決する活動を通して，問題解決にコンピュータを積極的に活用しようとする態度，結果を振り返って改善しようとする態度，生活の中で使われているプログラムを見いだして改善することなどを通じて情報社会に主体的に参画しようとする。

2　単元の評価規準

知識・技能	思考・判断・表現	主体的に学習に取り組む態度
①アルゴリズムをフローチャートやアクティビティ図等で表現する技能を身に付けている。 ②プログラミングによってコンピュータや情報通信ネットワークを活用する方法について理解し技能を身に付けている。 ③社会や自然などにおける事象をモデル化する方法を理解している。 ④シミュレーションを通してモデルを評価し改善する方法について理解している。	①目的に応じたアルゴリズムを考え適切な方法で表現することができる。 ②プログラミングによりコンピュータや情報通信ネットワークを活用し，その過程を評価し改善することができる。 ③目的に応じたモデル化やシミュレーションを適切に行い，その結果を踏まえて問題の適切な解決方法を考えている。	①問題の発見・解決にコンピュータを積極的に活用しようとしている。 ②問題解決の結果を振り返り改善しようとしている。 ③身近な問題を解決するプログラムや，シミュレーションの結果を基に試行錯誤しながら粘り強く評価し改善しようとすることなどを通して情報社会に主体的に参画しようとしている。

3 指導と評価の計画（14時間）

　「（3）コンピュータとプログラミング」（イ）（ウ）を単元とし，二つの小単元で計画を構成し，それぞれの時間数を次のように定めた。

小単元等	授業時間数	
（イ）アルゴリズムとプログラミング	6時間	
（ウ）モデル化とシミュレーション	4時間	14時間
単元のまとめ	4時間	

　各授業時間の指導のねらい，生徒の学習活動及び重点，記録の有無，評価方法については次の表のとおりである。

時間	ねらい・学習活動	重点	記録	備考
1	○アルゴリズムの基礎 ・中学校までの成果を踏まえ，アルゴリズムをフローチャート等で表現する方法を理解できるようにする。 ・いくつかのアルゴリズムを比較し，その特徴や効率の違いを考え判断することができるようにする。	知 思		知①：ワークシート 思①：成果物・ワークシート
2	○基本制御構造，変数 ・演算子の使い方，データの種類と変数の定義，入出力，表示など，基本的な文法を理解し活用することができるようにする。	知		知②：ワークシート
3	○関数，配列 ・関数及び配列について理解するとともに，身近な関数を作成し，身の回りの簡単な問題についてコンピュータを活用する。	思		思②：成果物・ワークシート
4	○判断分岐，繰り返しといろいろな表現 ・判断分岐とその論理，繰り返しとその表現について理解し，身の回りの出来事を，順次，判断分岐，繰り返しを用いてプログラミングで表現することができるようにする。	知 思	○	知②：成果物 思②：ワークシート
5 6	○乱数とその活用 ・乱数の発生と利用について理解し，乱数を問題解決に役立てようとする。	態	○	態①②：振り返りシート
7	○モデルの意味と状態遷移 ・モデルの意味や種類を理解するとともに，状態をモデル化して表現する方法を身に付けられるようにする。	知		知③：ワークシート
8	○手順の意識とフローモデルの製作 ・手順や流れをモデル化する方法を理解し，流れを意識して手続きや段取りを効率よく遂行していく方法を身に付けられるようにする。	知	○	知④：ワークシート

9	○確定的モデル・数式モデルのうち，確定的なモデルを理解し，再帰的表現を用いて簡単なシミュレーションを行うとともに，その結果を踏まえて問題の適切な解決方法を考えることができるようにする。	思態	○	思③：ワークシート態③：ワークシート
10	○確率的モデル・数式モデルのうち，確率的なモデルを理解し，乱数を用いて簡単なシミュレーションを行うとともに，その結果を踏まえて問題の適切な解決方法を考えることができるようにする。	思態	○	思③：ワークシート態③：ワークシート
11121314	○単元のまとめ・単元のまとめとして，身近な問題を発見するとともに，解決に向けてのアルゴリズムやモデル化を考え，プログラミングやシミュレーションなどを用いて問題を解決する。	知思態	○○○	知①②③④：成果物思①②③：成果物・振り返りシート態①②③：振り返りシート

※表中の「重点」と観点の略称，「記録」の扱いは，事例1と同様。

4 観点別学習状況の評価の進め方

（1）第9時における「思考・判断・表現」の指導と評価

本時においては，「思考・判断・表現」の観点について，全員の記録をとる評価を行う。

①目標

・数式モデルのうち，確定的なモデルを理解し，簡単なシミュレーションを行うとともに，その結果を踏まえて問題の適切な解決方法を考えることができるようにする。

②評価規準

・目的に応じたモデル化やシミュレーションを適切に行い，その結果を踏まえて問題の適切な解決方法を考える。

③第9時の展開

・本時の授業では，数式モデルのうち確定的なモデルを用いたシミュレーションを行う。問題に取り組みながら確定的モデルを用いたシミュレーションの考え方を理解するとともに，その解決方法に対する評価改善を通して「思考・判断・表現」の観点について評価を行う。

＜第9時の展開＞

学習活動	評価と配慮事項
1．数式モデルについて振り返り，確定的モデルと確率的モデルについて確認する。	・モデルの分類を振り返るとともに，数式モデルがどのようなものであるのかについて確認する。

2．問を読み，数式モデルを組み立てる。

問）

Aさんは，少子化に対するレポートの材料とするため，2045年における日本の人口を推計してみることにした。インターネット上を探したところ，やや古い資料になるが，総務省統計局より以下のようなデータを入手することができた。

年次	Year	人口 Population (1,000)		
		総数 Total	男 Male	女 Female
平成10年	1998	126,472	61,952	64,520
11	1999	126,667	62,017	64,650
12	2000	a)126,926	a)62,111	a)64,815
13	2001	127,316	62,265	65,051
14	2002	127,486	62,295	65,190
15	2003	127,694	62,368	65,326
16	2004	127,787	62,380	65,407
17	2005	a)127,768	a)62,349	a)65,419
18	2006	127,901	62,387	65,514
19	2007	128,033	62,424	65,608
20	2008	128,084	62,422	65,662

Aさんは，直近のデータである2007年～2008年の「人口増加率」，即ち

（2007年の人口総数）÷（2008年の人口総数）

が，以降もそれほど大差なく続いているのだろうと考えた。

問1）上の人口増加率を基に，その年と翌年との人口の関係を数式モデルで表してみよう。

問2）2019年の人口総数はどのようになっているはずなのかを実際に計算してみよう。

その後Aさんは，以下のような，より新しいデータを見つけることができたため，最新の情報を基にシミュレーションをやり直すことにした。

28	2016	126,933	61,766	65,167
29	2017	126,706	61,655	65,051
30	2018	126,443	61,532	64,911
令和元年	2019	126,167	61,411	64,756

問3）2018年～2019年の人口増加率を基に2045年の人口をシミュレーションしよう。

問4）2045年の人口が1億3千万人であるためには，毎年の人口増加率が最低どの程度の数値でなくてはなりませんか。実際にシミュレーションを行い確認するとともに，答えを導く上で工夫した点をワークシートに記入しよう。

（総務省統計局第七十回日本統計年鑑 令和3年 第2章 人口・世帯 2-1人口の推移より 一部抜粋）

3．問1を電卓で計算する。 ・ワークシートに結果を入力させる
◇「実際に電卓で計算し，結果をワークシートに入力しよう」 ・手作業で繰り返すのは非効率であ

4．問2を途中まで電卓で計算させ，再帰処理に気付かせる。	ることを気付かせ，適当なタイミングで切り上げる。
◇「電卓で2019年まで計算してみよう」	
5．表計算ソフトウェアやプログラミングを用いてシミュレーションを行う。	・実際にシミュレーションさせるが，苦手な生徒には，あらかじめ作成したものを修正させる等の工夫を行う。
◇「表計算ソフトウェアやプログラミングで行うと，効率的に計算できますので，実際にシミュレーションしてみましょう」	
6．問3（違う数値の数式モデル）を行う。	・数式モデルの作り方によって，結果が変わってくる可能性があることを認識させる。
◇「2008年のデータではなく，2019年のデータで，2045年までのシミュレーションを行ってみましょう」	
7．問4（問題解決に役立てる）を行う。	・数学的には2019年～2045年の増加率を計算し，その累乗根を計算すれば良いことになるが，今回は，試行錯誤を繰り返しながら，近似値を求めさせるようにする。
◇「2045年の人口が1億3千万人であるためには，毎年の人口増加率が最低どの程度の数値でなくてはなりませんか。実際にシミュレーションを行い確認するとともに，どのように増加率の数値を決めて行ったのかをワークシートに記入しよう」	
8．本時のまとめをする。	思③：ワークシート 態③：ワークシート
これらの内容より，以下のことを明確にして確認する。	
・数式モデルを作成し計算させることにより，コンピュータで素早くシミュレーションが可能である。	
・シミュレーションには，モデルの作成方法によって誤差が含まれる場合や，結果そのものが変わることがある。	
・シミュレーションを適切に行うことにより，問題解決の有効な手段となり得る。	

④第9時における「思考・判断・表現」の指導と評価の方法

　本時の評価規準は，「目的に応じたモデル化やシミュレーションを適切に行い，その結果を踏まえて問題の適切な解決方法を考えている。」であり，確定的な数式モデルを基に，目的により近い適切なシミュレーションを行い，どのように効果的・効率的に数式のパラメータを決めれば良いのかを考える点がポイントとなる。そのため，実際に生徒が記入するワークシートを資料として評価を行う。

　正しく数式モデルが作成され回答されていることを前提に，生徒が，どのようにその試行錯誤を重ね，適切な回答を考え判断したのかを記述させることによって評価を進める。この場合，特に評価規準の前段の部分に着目し，適切な解決方法を考える上で，より効果的・効率的なシミュレーションの手順を考えることができたかどうかを視点として，次のように評価する。

評価	評価の観点
「おおむね満足できる」状況（B）	・数式モデルを適切に作成し，最新の情報を基に人口シミュレーションを行い，その結果を踏まえて適切な解を考えることができる。
「十分満足できる」状	・数式モデルを適切に作成し，最新の情報を基に人口シミュレーションを

| 況（A） | 効果的，効率的に行えるように考え，その結果を踏まえて適切な解を考えることができる。 |

　生徒の回答は多岐にわたることが想定されるため，あらかじめ生徒の回答として想定される内容の類型を大まかに設定し，評価に役立てることが考えられる。

○「おおむね満足できる」状況（B）の類型（見通しをもたずに試行錯誤）

・適当な数を入力していき，数値が近くなった段階で微調整した。

・およその数値を入れていき求めた。

○「十分満足できる」状況（A）の類型（見通しをもって試行錯誤）

・26年でおおよそ4000人弱を増やさなくてはならないから，1年で150人くらい増える程度を目安に決めていった。

・2007年の増加率よりも倍近く増えなくてはならないので，2007年の増加率を基に入力し数値を調整した。

（2）本単元における「思考・判断・表現」の指導と評価

①第1時における「思考・判断・表現」の指導と評価

　第1時では，目的に応じたアルゴリズムを考え適切な方法で表現することに着目する。記録は行わず，評価を指導に結び付けることを重視する。2進法の足し算のみでどのように掛け算，引き算，割り算を行うのかを考えさせるとともに，アルゴリズムで表現させる。また，最大値を求めるアルゴリズム等を題材に，「トーナメント方式」「勝ち抜き方式」など，身近な話題などを意識させながら，どのような手順を行えば良いのかを具体的に考えさせ，ワークシートに表現させ，指導を行う。

②第3，4時における「思考・判断・表現」の指導と評価

　第3，4時では，プログラミングによりコンピュータや情報通信ネットワークを活用し，その過程を評価し改善することに着目する。記録は行わず，評価を指導に結び付けることを重視する。教員による例を参考にしながら，課題として設定された内容を実際にコンピュータでプログラミングを行い，見通しをもった試行錯誤を行いながら，自らのプログラムを評価改善していく。

③第10時における「思考・判断・表現」の指導と評価

　第10時では，第9時の内容に引き続き，目的に応じたモデル化やシミュレーションを適切に行い，その結果を踏まえて問題の適切な解決方法を考える。第10時では記録は行わず，評価を指導に結び付けることを重視する。特に，確率的なシミュレーションについて考え，乱数をどのように発生させ，それを問題解決に役立てると良いのかについて考えさせるとともに，表計算ソフトウェアやプログラミングを効果的に用いる方法について考えさせる。

④第11～14時における「思考・判断・表現」の指導と評価

　第11～14時では，単元のまとめとして，身近な問題を発見するとともに，解決に向けてのアルゴリズムやモデル化を考え，プログラミングやシミュレーションなどを用いて問題を解決する実習を行う。その際，どのような点を問題と捉え，どの部分にどのようなプログラムなどを用いて効果的に解決しようと考えたのかを成果物を基に評価するとともに，一連の作業や成果物に対し，どのように評価改善を行ってきたのかなどについて，振り返りシートを通して評価を行う。

キーワード　「主体的に学習に取り組む態度」の評価

単元名	内容のまとまり
情報デザイン	コミュニケーションと情報デザイン

1　単元の目標

(1) 目的や状況に応じて受け手に分かりやすく情報を伝える活動を通じ，情報の科学的な見方・考え方を働かせて，メディアの特性やコミュニケーション手段の特徴について科学的に理解する。

(2) 効果的なコミュニケーションを行うための情報デザインの考え方や方法を身に付け，コンテンツを表現し，評価し改善する。

(3) 情報と情報技術を活用して効果的なコミュニケーションを行おうとする態度，情報社会に主体的に参画する態度を養う。

2　単元の評価規準

知識・技能	思考・判断・表現	主体的に学習に取り組む態度
①情報デザインの考え方について理解している。 ②情報デザインの方法について身に付けている。 ③コンテンツ制作の一連の過程について理解している。	①目的や受け手の状況に応じた情報デザインを考えている。 ②情報デザインの考え方や方法を用いて表現できる。 ③コンテンツの設計，制作，実行，評価，改善ができる。	①コミュニケーションの目的や伝える情報を明確にしようと粘り強く取り組もうとしている。 ②情報デザインの考え方や方法に基づいて考えようと粘り強く取り組もうとしている。 ③各授業及び一連の活動を振り返ることを通して，自らの学習を調整しようとしている。

3　指導と評価の計画（12 時間）

本単元「情報デザイン」の授業時間数を次のように定めた。

小単元等	授業時間数	
情報デザイン	2 時間	12 時間
コンテンツの制作・評価・改善	10 時間	

各授業時間の指導のねらい，生徒の学習活動及び重点，記録の有無，評価方法については次の表のとおりである。

時間	ねらい・学習活動	重点	記録	備考
1	○情報デザイン			

2	・グラフィックソフト等でコンテンツを制作することを通して，情報デザインの考え方を理解し，その方法を身に付けられるようにする。	知	○	知①②：成果物
3 4	○コンテンツ制作の企画			
	・コンテンツの制作・評価・改善の流れを知ることを通して，コンテンツの制作の一連の過程を理解できるようにする。	知		知③：振り返りシート
	・企画書をグループで考えることを通して，目的に応じた Web サイトの設計を考えることができるようにする。	思	○	思①：成果物
	・企画書の作成をグループで協働して取り組むことを通して，コンテンツの設計に粘り強く取り組もうとする。	態		態①：振り返りシート
	＜企画書の制作の流れ＞ テーマ：○○学図鑑の Web サイト 目的：○○学を学びたいと思う高校生を増やすためという全体のテーマに基づき，班ごとに取り組む学問のテーマを決める。 　・発想法を用いてデザインの対象を分析する。 　・情報収集をし，課題を発見する。 　・ユーザを分析して，要件を定義する。 　・Web サイトのサイトマップを作成する。 　・Web サイトの配色設計をする。			
5 6 7	○コンテンツの制作			
	・グループ内で役割分担を行い，並行して作業を進めながら制作することを通して，コンテンツの制作に取り組む。 ＜役割分担＞ 　・プロジェクトマネージャー：グループの進行の管理をする。企画書を仕上げる。 　・ライター：記事の内容を調査して，テキストエディタで原稿を作る。 　・デザイナー：グラフィックソフト等を用いて，画像やイラストなどの素材を制作する。 　・コーダー：Web ページのコーディングをする。	思		思②③：成果物
	・伝える情報を明確にしようと，企画書に基づいてコンテンツの制作をすることを通して，コンテンツ制作に粘り強く取り組もうとする。 ・情報デザインの考え方や方法に基づいて考えようとする活動を通して，コンテンツ制作に粘り強く取り組もうとする。 ・学習活動を振り返ることを通して，自らの学習を調整しようとする。	態	○	態①②③：振り返りシート，成果物
8	○中間評価・検証，フィードバック			
	・役割ごとに制作した作品を統合し，作品の改善について具体的	思	○	思③：ワークシ

	な方法を考えることを通して，コンテンツの評価を行う。			ート
	・これまでの一連の学習活動を振り返ることを通して，今後どう取り組んでいくかという学習活動の調整をしようとする。	態	○	態③：振り返りシート
9 10	○コンテンツの改善			
	・フィードバックに基づいて，作品を制作することを通して，コンテンツを改善しようとする。	思	○	思②③：成果物
	・情報デザインの考え方や方法に基づいて考えようとする活動を通して，コンテンツ制作に粘り強く取り組もうとする。	態		態②：振り返りシート，成果物
	・学習活動を振り返ることを通して，自らの学習を調整しようとする。	態		態③：振り返りシート，成果物
11	○コンテンツの評価	知	○	知③：ワークシート
	・作品の自己評価や相互評価を通して，コンテンツの評価を行う。	思	○	思③：ワークシート，成果物
12	○コンテンツ制作の振り返り	態	○	態③：振り返りシート
	・コンテンツ制作全体を振り返ることを通して，学習活動の一連の過程を振り返ろうとする。			

※表中の「重点」と観点の略称，「記録」の扱いは，事例1と同様。

4　観点別学習状況の評価の進め方

（1）第8時における「主体的に学習に取り組む態度」の指導と評価

　本時においては，「思考・判断・表現」「主体的に学習に取り組む態度」について，全員の記録をとる評価を行う。なお，本単元では，作成するコンテンツは，アプリケーションのユーザインタフェースや動画制作，ポスター制作なども考えられるが，今回はWebサイト制作を行う実習を扱う。

①目標

　・制作したコンテンツの評価・検証を行い，制作及び学び方の一連の過程を改善しようとすることで，情報社会に主体的に参画する態度を身に付ける。

②評価規準

　・思③：役割ごとに制作した作品を統合して実行し，作品の改善について具体的な方法を考えることを通して，コンテンツを評価しようとする。

　・態③：これまでの一連の学習活動を振り返ることを通して，今後どう取り組んでいくかという学習活動の調整をしようとする。

③第8時の展開

学習活動	評価と配慮事項
＜全体指導＞ 1．本時の流れを確認する。	・学習活動の一連の過程を確認し，本時の目標を確認させる。
＜グループ活動＞ 2．制作したコンテンツを統合する。	・目標達成に向けての一連の計画を確認し，本

・コンテンツ制作の進捗状況の確認，本時に取り組むことを確認する。	時に取り組むことをグループで共通認識をもつよう指導する。
・これまでに役割ごとに制作したコンテンツを統合する。	・グループで現在の進行状況やデータを共有するよう指導する。
３．統合したコンテンツの評価・検証をする。	
・統合したコンテンツの評価を行い，改善点を検証する。	・ワークシートに入力し，グループで情報を共有していくように指導する。
・Web サイト制作の条件との適合性	・コンテンツの評価では，確認項目を示して，検証させる。
・企画書との一致性	
・Web サイトのバグ	

【Web サイトの例　班のテーマ：言語学】

４．作品の改善について具体的な方法の検討をする。	思③：ワークシート
・具体的な改善方法を考える。	・誰が，いつまでに，どのように取り組むのか，改善点の優先順位について話し合わせる。
・今後の制作の計画を修正する。	・今回の検証結果を基に，グループ全体の今後の計画を見直させる。

改善点	改善方法	担当者	優先順位	期限
Webサイトがスマートフォンのサイズでは見にくい。	画面のサイズによって表示を変えるように設定する。	コーダー	2	7月14日6時間目
アイコンの色がWebアクセシビリティに対応していない。	グラフィックソフトウェアで素材を作り直し、Webアクセシビリティのチェックツールを確認する。	デザイナー	1	7月14日6時間目
⋮	⋮			

＜個人活動＞	態③：振り返りシート
５．学習の振り返りをする。	・一連の過程を振り返る時には，前時までの振り返りシートを確認させる。
・学習の振り返りを振り返りシートに入力をする。	・今後のコンテンツの制作に向けて，どのように学習を調整するのか考えさせ，振り返りシートに入力させる。

④第８時における「主体的に学習に取り組む態度」の指導と評価の方法

　本時の評価規準は，「これまでの一連の学習活動を振り返ることを通して，今後どう取り組んでいくかの学習活動の調整をしようとする。」であり，本事例ではこのことを評価するために，本時及び学習活動の一連の過程を振り返り，振り返りシートに入力させる場面を設定した。第１・２時に情報

デザインの知識・技能を学習し，第3・4時にグループでコンテンツの設計を考えて企画書を作り，第5〜7時に役割分担に分かれて制作を行う中で，毎時間振り返りシートに学びの振り返りを記録し，学習に粘り強く取り組む態度を育む場面を設定している。これらの学びを踏まえ第8時では，グループで役割分担に応じて制作した作品を統合し，グループ内で評価して，作品の改善について具体的な方法を考える。なお，コンテンツの改善について，グループだけでは改善策が思いつかないような場合は，クラスの中で情報を共有する場面を作り，生徒同士で学び合うことで解決するきっかけを作ったり，教員から解決のヒントとなる情報を提供したりすることで，生徒が自らで気付くきっかけを作り，見通しをもって取り組めるように指導する。またこの振り返りを踏まえ，第9・10時でコンテンツを改善していくために，自らの学習を調整し，粘り強く取り組もうとする態度をより一層育むようにする。

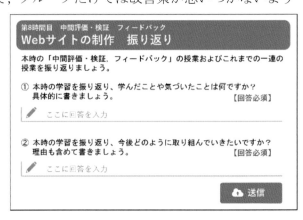

そのため本時の学習の振り返りでは，これまでの学習を振り返り，コンテンツ制作の取り組み方や自らの学習の取組で改善できることについて振り返りシート等に記録に残す。このことにより，生徒自身が今後の取組につなげていくとともに，教員が総括するための資料にもする。また，毎時間の振り返りシートの内容を教師が授業改善に活かしていくこともできる。以下に示すのは，生徒の記述例に対する評価と評価の視点の例である。

評価	評価の視点	生徒の記述例
「おおむね満足できる」状況（B）	これまでの一連の学習活動を振り返ることを通して，今後どう取り組んでいくかの学習活動の調整をしようとしているかどうかを見取る。	統合した Web サイトにはアクセシビリティに問題があり，アイコンをグラフィックソフトウェアで作り直す必要があるので，これからはチェックツールで確認しながら作ろうと思う。

　ここでは，「主体的に学習に取り組む態度」の記述による評価を例示した。振り返りシートで継続的に記録することも考えられるが，考えを記述することが困難であるなど，配慮が必要な生徒がいる場合には，記述による評価を口頭による評価で代替することも考えられる。

（2）コンテンツ制作（第3〜12時）における「主体的に学習に取り組む態度」の評価の方法

① 態①：コンテンツの企画や制作において，コミュニケーションの目的や伝える情報を明確にしようとする活動を通して，粘り強く取り組む態度について成果物を基に評価する例

　コミュニケーションの目的や伝える情報を考えて企画書を作成する場面を設定し，「粘り強い取組を行おうとする側面」の評価に取り入れることができる。例えば，デザインが良いだけにならないようにするために，目的に応じたデザインを考える。発想法を用いてデザインの対象を分析する際には，その学習プロセスをワークシート等に記入して可視化することで，自分やグループでの取組を客観的に振り返り

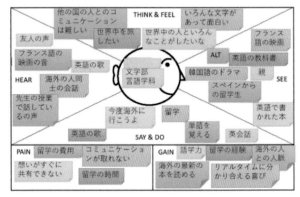

やすくすることができる。また，どのような機能が必要か，どう表現したらいいかを考え，配色設計

をし，画面のレイアウトの案などを作る。その過程では，成果物を共同編集することで，対話的な学びを行い，関心や意欲をもって取り組んでいるかを評価する。収集した情報を整理して，Web サイトのサイトマップを作成することについても，成果物に入力しながら情報を共有して進めることで，情報を論理的に構造化し，グループで共同編集しながら，他者の考えに触れることによって，自己の変容を自覚しやすくする学習場面を大切にしたい。

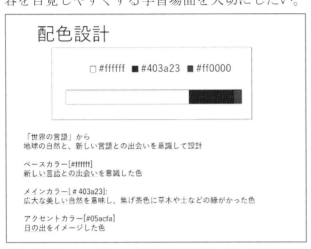

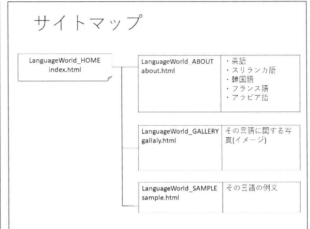

② **態②：コンテンツの制作において，情報デザインの考え方や方法に基づいて考えようとする活動を通して，粘り強く取り組む態度について振り返りシートを基に評価する例**

　情報デザインの考え方や方法に基づいて考えてコンテンツの制作する場面を設定し，「粘り強い取り組みを行おうとする側面」の評価に取り入れることができる。例えば，グラフィックソフトウェアを用いて Web サイトの素材を作るときには，既習内容と関連付けて，思考したり表現したりすることができる。このような活動について，振り返りシート等を活用して，毎時間の授業の最後に学習活動を振り返ることで，何度も取り組もうとしているか，時間をかけて取り組もうとしているか，多くのことに取り組もうとしているか等の自己の変容を自覚しやすくなる学習場面を設定し，生徒の取組について継続的な変化を見取り，評価につなげる。

③ **態③：コンテンツの一連の制作過程に取り組もうとする場面において，各授業及び一連の活動を振り返ることを通して，自らの学習を調整する態度について振り返りシートを基に評価する例**

　コンテンツの一連の制作過程に取り組み，学習を振り返る場面を設定し，「自らの学習を調整する側面」の評価に取り入れることができる。例えば，コンテンツの制作や中間評価・検証によるフィードバックに基づいて，コンテンツの改善を行う場面においては，それぞれの生徒がいつまでに何を行えばいいのか，誰とどのようにコミュニケーションをとればいいのかを整理して，ICT を活用して制作の進行管理を可視化しながら学習に取り組むとよい。自らの学習を調整するためには，振り返りシートで毎時間記録をとっておき，教員だけでなく生徒も自分で学びを振り返ることができるようにする等の自己の変容を自覚しやすくなる学習場面を設定するとともに，生徒の取り組みについて継続的な変化を見取り，評価につなげる。また，教師が随時授業改善に生かしていくこともできる。コンテンツ制作の一連の学習は，評価の期間が長期的になるため，毎時間授業の終わりに学びを振り返り記録させておくが，評価をするのは，中間評価・検証，フィードバックの第 8 時と学習活動の一連の過程を終えた第 12 時とする。なお，コンテンツの評価においては，相互評価や自己評価を可視化することによってメタ認知することができ，自らの学習を調整する態度につなげることができる。

巻末資料

高等学校情報科における「内容のまとまりごとの評価規準（例）」

第1 情報Ⅰ

1 目標と評価の観点及びその趣旨（例）

	（1）	（2）	（3）
目標	効果的なコミュニケーションの実現，コンピュータやデータの活用について理解を深め技能を習得するとともに，情報社会と人との関わりについて理解を深めるようにする。	様々な事象を情報とその結び付きとして捉え，問題の発見・解決に向けて情報と情報技術を適切かつ効果的に活用する力を養う。	情報と情報技術を適切に活用するとともに，情報社会に主体的に参画する態度を養う。

（高等学校学習指導要領 P. 189）

観点	知識・技能	思考・判断・表現	主体的に学習に取り組む態度
趣旨	効果的なコミュニケーションの実現，コンピュータやデータの活用について理解し，技能を身に付けているとともに，情報社会と人との関わりについて理解している。	事象を情報とその結び付きの視点から捉え，問題の発見・解決に向けて情報と情報技術を適切かつ効果的に用いている。	情報社会との関わりについて考えながら，問題の発見・解決に向けて主体的に情報と情報技術を活用し，自ら評価し改善しようとしている。

2 内容のまとまりごとの評価規準（例）

（1） 情報社会の問題解決

知識・技能	思考・判断・表現	主体的に学習に取り組む態度
・情報やメディアの特性を踏まえ，情報と情報技術を活用して問題を発見・解決する方法を身に付けている。 ・情報に関する法規や制度，情報セキュリティの重要性，情報社会における個人の責任及び情報モラルについて理解している。 ・情報技術が人や社会に果たす役割と及ぼす影響について理解している。	・目的や状況に応じて，情報と情報技術を適切かつ効果的に活用して問題を発見・解決する方法について考えている。 ・情報に関する法規や制度及びマナーの意義，情報社会において個人の果たす役割や責任，情報モラルなどについて，それらの背景を科学的に捉え，考察している。 ・情報と情報技術の適切かつ効果的な活用と望ましい情報社会の構築について考察している。	・情報社会における問題の発見・解決に，情報と情報技術を適切かつ効果的に活用しようとしている。また，自己調整しながら，解決する過程や解決案を自ら評価し改善しようとしている。 ・情報モラルに配慮して情報社会に主体的に参画しようとしている。

(2) コミュニケーションと情報デザイン

知識・技能	思考・判断・表現	主体的に学習に取り組む態度
・メディアの特性とコミュニケーション手段の特徴について，その変遷も踏まえて科学的に理解している。 ・情報デザインが人や社会に果たしている役割を理解している。 ・効果的なコミュニケーションを行うための情報デザインの考え方や方法を理解するとともに，表現する技能を身に付けている。	・メディアとコミュニケーション手段の関係を科学的に捉え，それらを目的や状況に応じて適切に選択することができる。 ・コミュニケーションの目的を明確にして，適切かつ効果的な情報デザインを考えている。 ・効果的なコミュニケーションを行うための情報デザインの考え方や方法に基づいて表現し，評価し改善することができる。	・コミュニケーションと情報デザインが情報社会に果たす役割について考えながら情報と情報技術を活用し，試行錯誤して効果的なコミュニケーションを行おうとしている。 ・よりよいコミュニケーションを行うために自らの取組を振り返り評価し改善することを通して情報社会に主体的に参画しようとしている。

(3) コンピュータとプログラミング

知識・技能	思考・判断・表現	主体的に学習に取り組む態度
・コンピュータや外部装置の仕組みや特徴，コンピュータでの情報の内部表現と計算に関する限界について理解している。 ・アルゴリズムを表現する手段，プログラミングによってコンピュータや情報通信ネットワークを活用する方法について理解し技能を身に付けている。 ・社会や自然などにおける事象をモデル化する方法，シミュレーションを通してモデルを評価し改善する方法について理解している。	・コンピュータで扱われる情報の特徴とコンピュータの能力との関係について考察している。 ・目的に応じたアルゴリズムを考え適切な方法で表現し，プログラミングによりコンピュータや情報通信ネットワークを活用するとともに，その過程を評価し改善することができる。 ・目的に応じたモデル化やシミュレーションを適切に行うとともに，その結果を踏まえて問題の適切な解決方法を考えている。	・問題解決にコンピュータを積極的に活用し，自ら結果を振り返って改善しようとしている。 ・生活の中で使われているプログラムを見いだして改善しようとすることなどを通じて情報社会に主体的に参画しようとしている。

巻末資料

(4) 情報通信ネットワークとデータの活用

知識・技能	思考・判断・表現	主体的に学習に取り組む態度
・情報通信ネットワークの仕組みや構成要素，プロトコルの役割及び情報セキュリティを確保するための方法や技術について理解している。 ・データを蓄積，管理，提供する方法，情報通信ネットワークを介して情報システムがサービスを提供する仕組みと特徴について理解している。 ・データを表現，蓄積するための表し方と，データを収集，整理，分析する方法について理解し技能を身に付けている。	・目的や状況に応じて，情報通信ネットワークにおける必要な構成要素を選択するとともに，情報セキュリティを確保する方法について考えている。 ・情報システムが提供するサービスの効果的な活用について考えている。 ・データの収集，整理，分析及び結果の表現の方法を適切に選択し，実行し，評価し改善することができる。	・情報システムにより提供されるサービスや情報通信ネットワークを目的に応じて適切かつ効果的に活用しようしている。 ・データを粘り強く多面的に精査し，データに含まれる傾向を自己調整しながら見いだそうとしている。 ・情報セキュリティなどに配慮して情報社会に主体的に参画しようとしている。

第2　情報Ⅱ

1　目標と評価の観点及びその趣旨（例）

	（1）	（2）	（3）
目標	多様なコミュニケーションの実現，情報システムや多様なデータの活用について理解を深め技能を習得するとともに，情報技術の発展と社会の変化について理解を深めるようにする。	様々な事象を情報とその結び付きとして捉え，問題の発見・解決に向けて情報と情報技術を適切かつ効果的，創造的に活用する力を養う。	情報と情報技術を適切に活用するとともに，新たな価値の創造を目指し，情報社会に主体的に参画し，その発展に寄与する態度を養う。

（高等学校学習指導要領 P.192）

観点	知識・技能	思考・判断・表現	主体的に学習に取り組む態度
趣旨	多様なコミュニケーションの実現，情報システムや多様なデータの活用について理解を深め技能を習得するとともに，情報技術の発展と社会の変化について理解を深めている。	事象を情報とその結び付きの視点から捉え，問題の発見・解決に向けて情報と情報技術を適切かつ効果的，創造的に用いている。	情報社会との関わりについて考えながら，問題の発見・解決に向けて主体的に情報と情報技術を活用し，自ら評価・改善し新たな価値を創造しようとしている。

2　内容のまとまりごとの評価規準（例）

(1) 情報社会の進展と情報技術

知識・技能	思考・判断・表現	主体的に学習に取り組む態度
・情報技術の発展の歴史を踏まえ，情報社会の進展について理解している。 ・情報技術の発展によるコミュニケーションの多様化について理解している。 ・情報技術の発展による人の知的活動への影響について理解している。	・情報技術の発展や情報社会の進展を踏まえ，将来の情報技術と情報社会の在り方について考察している。 ・コミュニケーションが多様化する社会におけるコンテンツの創造と活用の意義について考察している。 ・人の知的活動が変化する社会における情報システムの創造やデータ活用の意義について考察している。	・情報社会における問題を発見し，解決に向けた提案を行うために，情報技術を適切かつ効果的，創造的に活用しようとしている。また，自己調整しながら，解決する過程や解決案を自ら評価し改善しようとしている。 ・情報社会における問題の発見・解決を通して情報社会の発展に寄与しようとしている。

(2) コミュニケーションとコンテンツ

知識・技能	思考・判断・表現	主体的に学習に取り組む態度
・多様なコミュニケーションの形態とメディアの特性との関係について理解している。 ・文字，音声，静止画，動画などを組み合わせたコンテンツを制作する技能を身に付けている。 ・コンテンツを様々な手段で適切かつ効果的に社会に発信する方法を理解している。	・目的や状況に応じて，コミュニケーションの形態を考え，文字，音声，静止画，動画などを選択し，組合せを考えている。 ・情報デザインに配慮してコンテンツを制作し，評価し改善することができる。 ・コンテンツを社会に発信したときの効果や影響を考え，発信の手段やコンテンツを評価し改善することができる。	・目的や状況に応じて制作したコンテンツを適切かつ効果的に発信しようしている。 ・コンテンツを社会に発信した時の効果や影響について考えようとしている。 ・コンテンツを制作して発信する際，情報デザインに配慮し粘り強く評価や改善を行うことを通して，情報社会の発展に寄与しようとしている。

(3) 情報とデータサイエンス

知識・技能	思考・判断・表現	主体的に学習に取り組む態度
・多様かつ大量のデータの存在やデータ活用の有用性，データサイエンスが社会に果たす役割について理解し，目的に応じた適切なデータの収集や	・目的に応じて，適切なデータを収集し，整理し，整形することができる。 ・将来の現象を予測したり，複数の現象間の関連を明らかにし	・データを適切に扱うことによって情報社会に主体的に参画しその発展に寄与しようとしている。 ・データを用いた問題解決を行

知識・技能	思考・判断・表現	主体的に学習に取り組む態度
整理、整形について理解し技能を身に付けている。 ・データに基づく現象のモデル化やデータの処理を行い解釈・表現する方法について理解し技能を身に付けている。 ・データ処理の結果を基にモデルを評価することの意義とその方法について理解し技能を身に付けている。	たりするために、適切なモデル化や処理、解釈・表現を行うことができる。 ・モデルやデータ処理の結果を評価し、モデル化や処理、解釈・表現の方法を改善することができる。	う際、モデルの適切さについてデータ処理の結果を基にさまざまな検討を行いながら評価しようとしている。また、モデル化や処理、解釈・表現の方法を改善しようとしている。

(4) 情報システムとプログラミング

知識・技能	思考・判断・表現	主体的に学習に取り組む態度
・情報システムにおける、情報の流れや処理の仕組み、情報セキュリティを確保する方法や技術について理解している。 ・情報システムの設計を表記する方法、設計、実装、テスト、運用等のソフトウェア開発のプロセスとプロジェクト・マネジメントについて理解している。 ・情報システムを構成するプログラムを制作する方法について理解し技能を身に付けている。	・情報システム及びそれによって提供されるサービスについて、その在り方や社会に果たす役割と及ぼす影響について考察している。 ・情報システムをいくつかの機能単位に分割して制作し統合するなど、開発の効率や運用の利便性などに配慮して設計することができる。 ・情報システムを構成するプログラムを制作し、その過程を評価し改善することができる。	・情報システムの設計とプログラミングに関わり、自分なりの新しい考え方や捉え方によって粘り強く解決策を構想しようとしている。 ・自らの問題解決の過程を振り返り、自己調整しながら改善・修正しようとしている。 ・情報セキュリティなどに配慮して安全で適切な情報システムの制作を通して情報社会に主体的に参画しその発展に寄与しようとしている。

(5) 情報と情報技術を活用した問題発見・解決の探究

知識・技能	思考・判断・表現	主体的に学習に取り組む態度
・情報と情報技術を活用した問題発見・解決の探究を通して、「情報Ⅰ」及び「情報Ⅱ」で身に付けた知識及び技能を互いに関連付けている。 ・情報の科学的な見方・考え方を働かせて、情報と情報技術を適切かつ効果的に活用するた	・情報と情報技術を活用した問題発見・解決の探究を通して、「情報Ⅰ」及び「情報Ⅱ」で身に付けた思考力・判断力・表現力を総合的に活用して思考・判断・表現している。 ・情報の科学的な見方・考え方を働かせて、情報と情報技術を	・情報と情報技術を活用して問題を発見・解決する活動を通して、新たな価値を創造しようとしたり、情報社会に参画しその発展に寄与しようとしている。 ・情報社会における問題の発見・解決に粘り強く取り組もうと

| めの知識・技能を自ら深めている。 | 適切かつ効果的に活用するための思考力, 判断力, 表現力を自ら向上させている。 | するとともに, 情報と情報技術を適切かつ効果的に活用しようとしている。 |

評価規準，評価方法等の工夫改善に関する調査研究について

令和 2 年 4 月 13 日　国立教育政策研究所長裁定
令和 2 年 6 月 25 日　一　　部　　改　　正

1　趣　旨

　学習評価については，中央教育審議会初等中等教育分科会教育課程部会において「児童生徒の学習評価の在り方について」（平成 31 年 1 月 21 日）の報告がまとめられ，新しい学習指導要領に対応した，各教科等の評価の観点及び評価の観点に関する考え方が示されたところである。

　これを踏まえ，各小学校，中学校及び高等学校における児童生徒の学習の効果的，効率的な評価に資するため，教科等ごとに，評価規準，評価方法等の工夫改善に関する調査研究を行う。

2　調査研究事項

（1）評価規準及び当該規準を用いた評価方法に関する参考資料の作成

（2）学校における学習評価に関する取組についての情報収集

（3）上記（1）及び（2）に関連する事項

3　実施方法

　調査研究に当たっては，教科等ごとに教育委員会関係者，教師及び学識経験者等を協力者として委嘱し，2 の事項について調査研究を行う。

4　庶　務

　この調査研究にかかる庶務は，教育課程研究センターにおいて処理する。

5　実施期間

　令和 2 年 5 月 1 日〜令和 3 年 3 月 31 日

　令和 3 年 4 月 16 日〜令和 4 年 3 月 31 日

巻末
資料

評価規準，評価方法等の工夫改善に関する調査研究協力者（五十音順）

（職名は令和3年4月現在）

大石　智広　　　　　神奈川県立生田東高等学校教諭

小原　　格　　　　　東京都立町田高等学校指導教諭

鹿野　利春　　　　　京都精華大学教授　　　　　　　　　　　　　　（令和3年4月1日から）

須藤　祥代　　　　　千代田区立九段中等教育学校主任教諭

肥田　真幸　　　　　和歌山県教育庁学校教育局県立学校教育課指導主事

森本　康彦　　　　　東京学芸大学教授

国立教育政策研究所においては，次の関係官が担当した。

田﨑　丈晴　　　　　国立教育政策研究所教育課程研究センター研究開発部教育課程調査官
　　　　　　　　　　　　　　　　　　　　　　　　　　　　　　　（令和3年4月1日から）
鹿野　利春　　　　　国立教育政策研究所教育課程研究センター研究開発部教育課程調査官
　　　　　　　　　　　　　　　　　　　　　　　　　　　　　　　（令和3年3月31日まで）

この他，本書編集の全般にわたり，国立教育政策研究所において以下の者が担当した。

鈴木　敏之　　　　　国立教育政策研究所教育課程研究センター長
　　　　　　　　　　　　　　　　　　　　　　　　　　　　　　　（令和2年7月1日から）
笹井　弘之　　　　　国立教育政策研究所教育課程研究センター長
　　　　　　　　　　　　　　　　　　　　　　　　　　　　　　　（令和2年6月30日まで）
杉江　達也　　　　　国立教育政策研究所教育課程研究センター研究開発部副部長
　　　　　　　　　　　　　　　　　　　　　　　　　　　　　　　（令和3年4月1日から）
清水　正樹　　　　　国立教育政策研究所教育課程研究センター研究開発部副部長
　　　　　　　　　　　　　　　　　　　　　　　　　　　　　　　（令和3年3月31日まで）
新井　敬二　　　　　国立教育政策研究所教育課程研究センター研究開発部研究開発課長
　　　　　　　　　　　　　　　　　　　　（令和3年4月1日から令和3年7月31日まで）
岩城由紀子　　　　　国立教育政策研究所教育課程研究センター研究開発部研究開発課長
　　　　　　　　　　　　　　　　　　　　　　　　　　　　　　　（令和3年3月31日まで）
間宮　弘介　　　　　国立教育政策研究所教育課程研究センター研究開発部研究開発課指導係長

奥田　正幸　　　　　国立教育政策研究所教育課程研究センター研究開発部研究開発課指導係専門職
　　　　　　　　　　　　　　　　　　　　　　　　　　　　　　　（令和3年3月31日まで）
髙辻　正明　　　　　国立教育政策研究所教育課程研究センター研究開発部教育課程特別調査員

前山　大樹　　　　　国立教育政策研究所教育課程研究センター研究開発部教育課程特別調査員
　　　　　　　　　　　　　　　　　　　　　　　　　　　　　　　（令和3年4月1日から）

巻末
資料

学習指導要領等関係資料について

　学習指導要領等の関係資料は以下のとおりです。いずれも，文部科学省や国立教育政策研究所のウェブサイトから閲覧が可能です。スマートフォンなどで閲覧する際は，以下の二次元コードを読み取って，資料に直接アクセスすることが可能です。本書と併せて是非御覧ください。

① 学習指導要領，学習指導要領解説　等
② 中央教育審議会答申「幼稚園，小学校，中学校，高等学校及び特別支援学校の学習指導要領等の改善及び必要な方策等について」(平成 28 年 12 月 21 日)
③ 中央教育審議会初等中等教育分科会教育課程部会報告「児童生徒の学習評価の在り方について」(平成 31 年 1 月 21 日)
④ 小学校，中学校，高等学校及び特別支援学校等における児童生徒の学習評価及び指導要録の改善等について(平成 31 年 3 月 29 日 30 文科初第 1845 号初等中等教育局長通知)
　　　　　　　　　　　※各教科等の評価の観点等及びその趣旨や指導要録(参考様式)は，同通知に掲載。
⑤ 学習評価の在り方ハンドブック(小・中学校編)(令和元年 6 月)
⑥ 学習評価の在り方ハンドブック(高等学校編)(令和元年 6 月)
⑦ 平成 29 年改訂の小・中学校学習指導要領に関する Q&A
⑧ 平成 30 年改訂の高等学校学習指導要領に関する Q&A
⑨ 平成 29・30 年改訂の学習指導要領下における学習評価に関する Q&A

① ② ③ ④ ⑤ ⑥ ⑦ ⑧ ⑨

巻末
資料

学習評価の在り方ハンドブック

高等学校編

文部科学省　国立教育政策研究所教育課程研究センター

学習指導要領

学習指導要領とは, 国が定めた「教育課程の基準」です。

（学校教育法施行規則第52条, 74条, 84条及び129条等より）

■学習指導要領の構成
〈高等学校の例〉

前文　第1章　総則
　　　第2章　各学科に共通する各教科
　　　　　第1節　国語
　　　　　第2節　地理歴史
　　　　　第3節　公民
　　　　　第4節　数学
　　　　　第5節　理科
　　　　　第6節　保健体育
　　　　　第7節　芸術
　　　　　第8節　外国語
　　　　　第9節　家庭
　　　　　第10節　情報
　　　　　第11節　理数
　　　第3章　主として専門学科において
　　　　　　　開設される各教科
　　　　　第1節　農業
　　　　　第2節　工業
　　　　　第3節　商業
　　　　　第4節　水産
　　　　　第5節　家庭
　　　　　第6節　看護
　　　　　第7節　情報
　　　　　第8節　福祉
　　　　　第9節　理数
　　　　　第10節　体育
　　　　　第11節　音楽
　　　　　第12節　美術
　　　　　第13節　英語
　　　第4章　総合的な探究の時間
　　　第5章　特別活動

総則は, 以下の項目で整理され, 全ての教科等に共通する事項が記載されています。

- 第1款　高等学校教育の基本と教育課程の役割
- 第2款　教育課程の編成
- 第3款　教育課程の実施と学習評価 ← 学習評価の実施に当たっての配慮事項
- 第4款　単位の修得及び卒業の認定
- 第5款　生徒の発達の支援
- 第6款　学校運営上の留意事項
- 第7款　道徳教育に関する配慮事項

各教科等の目標, 内容等が記載されています。

（例）第1節　国語
- 第1款　目標
- 第2款　各科目
- 第3款　各科目にわたる指導計画の作成と内容の取扱い

　平成30年改訂学習指導要領の各教科等の目標や内容は, 教育課程全体を通して育成を目指す資質・能力の三つの柱に基づいて再整理されています。

ア　何を理解しているか, 何ができるか
　　（生きて働く「知識・技能」の習得）
　　※職業に関する教科については,「知識・技術」

イ　理解していること・できることをどう使うか（未知の状況にも対応できる「思考力・判断力・表現力等」の育成）

ウ　どのように社会・世界と関わり, よりよい人生を送るか
　　（学びを人生や社会に生かそうとする「学びに向かう力・人間性等」の涵養）

平成30年改訂「高等学校学習指導要領」より

詳しくは, 文部科学省Webページ「学習指導要領のくわしい内容」をご覧ください。
(http://www.mext.go.jp/a_menu/shotou/new-cs/1383986.htm)

学習指導要領解説

　学習指導要領解説とは,大綱的な基準である学習指導要領の記述の意味や解釈などの詳細について説明するために,文部科学省が作成したものです。

■学習指導要領解説の構成
〈高等学校 国語編の例〉

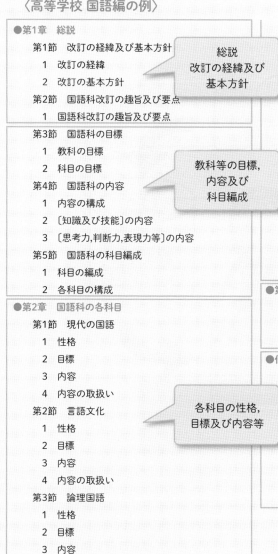

●第1章　総説

　第1節　改訂の経緯及び基本方針

　　1　改訂の経緯

　　2　改訂の基本方針

　第2節　国語科改訂の趣旨及び要点

　　1　国語科改訂の趣旨及び要点

> 総説
> 改訂の経緯及び
> 基本方針

　第3節　国語科の目標

　　1　教科の目標

　　2　科目の目標

　第4節　国語科の内容

　　1　内容の構成

　　2　〔知識及び技能〕の内容

　　3　〔思考力,判断力,表現力等〕の内容

　第5節　国語科の科目編成

　　1　科目の編成

　　2　各科目の構成

> 教科等の目標,
> 内容及び
> 科目編成

●第2章　国語科の各科目

　第1節　現代の国語

　　1　性格

　　2　目標

　　3　内容

　　4　内容の取扱い

　第2節　言語文化

　　1　性格

　　2　目標

　　3　内容

　　4　内容の取扱い

> 各科目の性格,
> 目標及び内容等

　第3節　論理国語

　　1　性格

　　2　目標

　　3　内容

　　4　内容の取扱い

　第4節　文学国語

　　1　性格

　　2　目標

　　3　内容

　　4　内容の取扱い

　第5節　国語表現

　　1　性格

　　2　目標

　　3　内容

　　4　内容の取扱い

　第6節　古典探究

　　1　性格

　　2　目標

　　3　内容

　　4　内容の取扱い

●第3章　各科目にわたる指導計画の作成と内容の取扱い

　　1　指導計画作成上の配慮事項

　　2　内容の取扱いに当たっての配慮事項

　　3　総則関連事項

> 指導計画作成や
> 内容の取扱いに係る
> 配慮事項

●付録

　付録1:学校教育施行規則(抄)

　付録2:高等学校学習指導要領　第1章　総則

　付録3:高等学校学習指導要領　第2章　第1節　国語

　付録4:教科の目標,各科目の目標及び内容の系統表(高等学校国語科)

　付録5:中学校学習指導要領　第2章　第1節　国語

　付録6:教科の目標,各学年の目標及び内容の系統表(小・中学校国語科)

　付録7:高等学校学習指導要領　第2章　第8節　外国語

　付録8:小・中学校のおける「道徳の内容」の学年段階・学校段階の一覧表

> 参考
> (系統性等)

「高等学校学習指導要領解説 国語編」より

※「総則編」,「総合的な探究の時間編」及び「特別活動編」は異なった構成となっています。

> 　教師は,学習指導要領で定めた資質・能力が,生徒に確実に育成されているかを評価します

学習評価の基本的な考え方

学習評価の基本的な考え方

　学習評価は, 学校における教育活動に関し, 生徒の学習状況を評価するものです。「生徒にどういった力が身に付いたか」という学習の成果を的確に捉え, **教師が指導の改善を図る**とともに, **生徒自身が自らの学習を振り返って次の学習に向かうことができるようにする**ためにも, 学習評価の在り方は重要であり, 教育課程や学習・指導方法の改善と一貫性のある取組を進めることが求められます。

▌カリキュラム・マネジメントの一環としての指導と評価

　各学校は, 日々の授業の下で生徒の学習状況を評価し, その結果を生徒の学習や教師による指導の改善や学校全体としての教育課程の改善, 校務分掌を含めた組織運営等の改善に生かす中で, 学校全体として組織的かつ計画的に教育活動の質の向上を図っています。

　このように, 「学習指導」と「学習評価」は学校の教育活動の根幹であり, 教育課程に基づいて組織的かつ計画的に教育活動の質の向上を図る「カリキュラム・マネジメント」の中核的な役割を担っています。

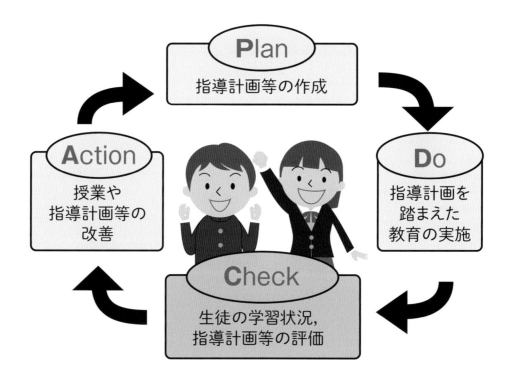

▌主体的・対話的で深い学びの視点からの授業改善と評価

　指導と評価の一体化を図るためには, 生徒一人一人の学習の成立を促すための評価という視点を一層重視することによって, 教師が自らの指導のねらいに応じて授業の中での生徒の学びを振り返り, 学習や指導の改善に生かしていくというサイクルが大切です。平成30年改訂学習指導要領で重視している「主体的・対話的で深い学び」の視点からの授業改善を通して, 各教科等における資質・能力を確実に育成する上で, 学習評価は重要な役割を担っています。

☑ 教師の指導改善に
　つながるものにしていくこと

☑ 生徒の学習改善に
　つながるものにしていくこと

☑ これまで慣行として行われてきたことでも，
　必要性・妥当性が認められないものは
　見直していくこと

次の授業では
〇〇を重点的に
指導しよう。

〇〇のところは
もっと〜した方が
よいですね。

詳しくは，平成31年3月29日文部科学省初等中等教育局長通知「小学校，中学校，高等学校及び特別支援学校等における児童生徒の学習評価及び指導要録の改善等について（通知）」をご覧ください。
(http://www.mext.go.jp/b_menu/hakusho/nc/1415169.htm)

コラム　　評価に戸惑う生徒の声

　「先生によって観点の重みが違うんです。授業態度をとても重視する先生もいるし，テストだけで判断するという先生もいます。そうすると，どう努力していけばよいのか本当に分かりにくいんです。」（中央教育審議会初等中等教育分科会教育課程部会　児童生徒の学習評価に関するワーキンググループ第7回における高等学校3年生の意見より）

　あくまでこれは一部の意見ですが，学習評価に対する生徒のこうした意見には，適切な評価を求める切実な思いが込められています。そのような生徒の声に応えるためにも，教師は，生徒への学習状況のフィードバックや，授業改善に生かすという評価の機能を一層充実させる必要があります。教師と生徒が共に納得する学習評価を行うためには，評価規準を適切に設定し，評価の規準や方法について，教師と生徒及び保護者で共通理解を図るガイダンス的な機能と，生徒の自己評価と教師の評価を結び付けていくカウンセリング的な機能を充実させていくことが重要です。

Column

学習評価の基本構造

平成30年改訂で,学習指導要領の目標及び内容が資質・能力の三つの柱で再整理されたことを踏まえ,各教科における観点別学習状況の評価の観点については,「知識・技能」,「思考・判断・表現」,「主体的に学習に取り組む態度」の3観点に整理されています。

「学びに向かう力,人間性等」には
①「主体的に学習に取り組む態度」として観点別評価(学習状況を分析的に捉える)を通じて見取ることができる部分と,
②観点別評価や評定にはなじまず,こうした評価では示しきれないことから個人内評価を通じて見取る部分があります。

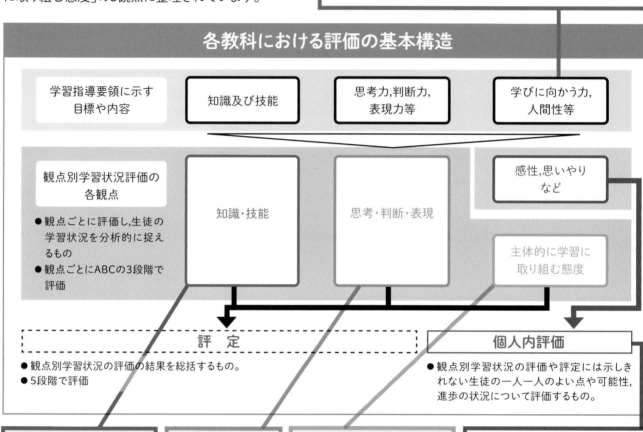

各教科における評価の基本構造

各教科等における学習の過程を通した知識及び技能の習得状況について評価を行うとともに,それらを既有の知識及び技能と関連付けたり活用したりする中で,他の学習や生活の場面でも活用できる程度に概念等を理解したり,技能を習得したりしているかを評価します。

各教科等の知識及び技能を活用して課題を解決する等のために必要な思考力,判断力,表現力等を身に付けているかどうかを評価します。

知識及び技能を獲得したり,思考力,判断力,表現力等を身に付けたりするために,自らの学習状況を把握し,学習の進め方について試行錯誤するなど自らの学習を調整しながら,学ぼうとしているかどうかという意思的な側面を評価します。

個人内評価の対象となるものについては,生徒が学習したことの意義や価値を実感できるよう,日々の教育活動等の中で生徒に伝えることが重要です。特に,「学びに向かう力,人間性等」のうち「感性や思いやり」など生徒一人一人のよい点や可能性,進歩の状況などを積極的に評価し生徒に伝えることが重要です。

詳しくは,平成31年1月21日文部科学省中央教育審議会初等中等教育分科会教育課程部会「児童生徒の学習評価の在り方について(報告)」をご覧ください。
(http://www.mext.go.jp/b_menu/shingi/chukyo/chukyo3/004/gaiyou/1412933.htm)

総合的な探究の時間及び特別活動の評価について

総合的な探究の時間, 特別活動についても, 学習指導要領等で示したそれぞれの目標や特質に応じ, 適切に評価します。

■ 総合的な探究の時間

総合的な探究の時間の評価の観点については, 学習指導要領に示す「第1 目標」を踏まえ, 各学校において具体的に定めた目標, 内容に基づいて, 以下を参考に定めることとしています。

知識・技能	思考・判断・表現	主体的に学習に取り組む態度
探究の過程において, 課題の発見と解決に必要な知識及び技能を身に付け, 課題に関わる概念を形成し, 探究の意義や価値を理解している。	実社会や実生活と自己との関わりから問いを見いだし, 自分で課題を立て, 情報を集め, 整理・分析して, まとめ・表現している。	探究に主体的・協働的に取り組もうとしているとともに, 互いのよさを生かしながら, 新たな価値を創造し, よりよい社会を実現しようとしている。

この3つの観点に則して生徒の学習状況を見取ります。

■ 特別活動

従前, 高等学校等における特別活動において行った生徒の活動の状況については, 主な事実及び所見を文章で記述することとされてきたところ, 文章記述を改め, 各学校が設定した観点を記入した上で, 活動・学校行事ごとに, 評価の観点に照らして十分満足できる活動の状況にあると判断される場合に, ○印を記入することとしています。

評価の観点については, 特別活動の特質と学校の創意工夫を生かすということから, 設置者ではなく, 各学校が評価の観点を定めることとしています。その際, 学習指導要領等に示す特別活動の目標や学校として重点化した内容を踏まえ, 例えば以下のように, 具体的に観点を示すことが考えられます。

特別活動の記録					
内容	観点　　　　　　　　　　　　　　学年	1	2	3	4
ホームルーム活動	よりよい生活や社会を構築するための知識・技能	○		○	
生徒会活動	集団や社会の形成者としての思考・判断・表現		○		
学校行事	主体的に生活や社会, 人間関係をよりよく構築しようとする態度		○	○	

高等学校生徒指導要録(参考様式)様式2の記入例　(3年生の例)

> 各学校で定めた観点を記入した上で, 内容ごとに, 十分満足できる状況にあると判断される場合に, ○印を記入します。
> ○印をつけた具体的な活動の状況等については, 「総合所見及び指導上参考となる諸事項」の欄に簡潔に記述することで, 評価の根拠を記録に残すことができます。

なお, 特別活動は, ホームルーム担任以外の教師が指導することも多いことから, 評価体制を確立し, 共通理解を図って, 生徒のよさや可能性を多面的・総合的に評価するとともに, 指導の改善に生かすことが求められます。

観点別学習状況の評価について

　観点別学習状況の評価とは，学習指導要領に示す目標に照らして，その実現状況がどのようなものであるかを，観点ごとに評価し，生徒の学習状況を分析的に捉えるものです。

▌「知識・技能」の評価の方法

　「知識・技能」の評価の考え方は，従前の評価の観点である「知識・理解」，「技能」においても重視してきたところです。具体的な評価方法としては，例えばペーパーテストにおいて，事実的な知識の習得を問う問題と，知識の概念的な理解を問う問題とのバランスに配慮するなどの工夫改善を図る等が考えられます。また，生徒が文章による説明をしたり，各教科等の内容の特質に応じて，観察・実験をしたり，式やグラフで表現したりするなど実際に知識や技能を用いる場面を設けるなど，多様な方法を適切に取り入れていくこと等も考えられます。

▌「思考・判断・表現」の評価の方法

　「思考・判断・表現」の評価の考え方は，従前の評価の観点である「思考・判断・表現」においても重視してきたところです。具体的な評価方法としては，ペーパーテストのみならず，論述やレポートの作成，発表，グループでの話合い，作品の制作や表現等の多様な活動を取り入れたり，それらを集めたポートフォリオを活用したりするなど評価方法を工夫することが考えられます。

▌「主体的に学習に取り組む態度」の評価の方法

　具体的な評価方法としては，ノートやレポート等における記述，授業中の発言，教師による行動観察や，生徒による自己評価や相互評価等の状況を教師が評価を行う際に考慮する材料の一つとして用いることなどが考えられます。その際，各教科等の特質に応じて，生徒の発達の段階や一人一人の個性を十分に考慮しながら，「知識・技能」や「思考・判断・表現」の観点の状況を踏まえた上で，評価を行う必要があります。

「主体的に学習に取り組む態度」の評価のイメージ

○「主体的に学習に取り組む態度」の評価については,①知識及び技能を獲得したり,思考力,判断力,表現力等を身に付けたりすることに向けた粘り強い取組を行おうとする側面と,②①の粘り強い取組を行う中で,自らの学習を調整しようとする側面,という二つの側面から評価することが求められる。

○これら①②の姿は実際の教科等の学びの中では別々ではなく相互に関わり合いながら立ち現れるものと考えられる。例えば,自らの学習を全く調整しようとせず粘り強く取り組み続ける姿や,粘り強さが全くない中で自らの学習を調整する姿は一般的ではない。

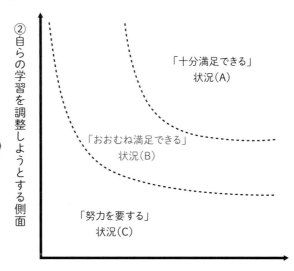

ここでの評価は,その学習の調整が「適切に行われるか」を必ずしも判断するものではなく,学習の調整が知識及び技能の習得などに結びついていない場合には,教師が学習の進め方を適切に指導することが求められます。

「自らの学習を調整しようとする側面」とは…

自らの学習状況を把握し,学習の進め方について試行錯誤するなどの意思的な側面のことです。評価に当たっては,生徒が自らの理解の状況を振り返ることができるような発問の工夫をしたり,自らの考えを記述したり話し合ったりする場面,他者との協働を通じて自らの考えを相対化する場面を,単元や題材などの内容のまとまりの中で設けたりするなど,「主体的・対話的で深い学び」の視点からの授業改善を図る中で,適切に評価できるようにしていくことが重要です。

コラム

「主体的に学習に取り組む態度」は,「関心・意欲・態度」と同じ趣旨ですが…
～こんなことで評価をしていませんでしたか？～

平成31年1月21日文部科学省中央教育審議会初等中等教育分科会教育課程部会「児童生徒の学習評価の在り方について(報告)」では,学習評価について指摘されている課題として,「関心・意欲・態度」の観点について「学校や教師の状況によっては,挙手の回数や毎時間ノートを取っているかなど,性格や行動面の傾向が一時的に表出された場面を捉える評価であるような誤解が払拭し切れていない」ということが指摘されました。これを受け,従来から重視されてきた各教科等の学習内容に関心をもつことのみならず,よりよく学ぼうとする意欲をもって学習に取り組む態度を評価するという趣旨が改めて強調されました。

Column

学習評価の充実

学習評価の妥当性，信頼性を高める工夫の例

- 評価規準や評価方法について，事前に教師同士で検討するなどして明確にすること，評価に関する実践事例を蓄積し共有していくこと，評価結果についての検討を通じて評価に係る教師の力量の向上を図ることなど，学校として組織的かつ計画的に取り組む。
- 学校が生徒や保護者に対し，評価に関する仕組みについて事前に説明したり，評価結果についてより丁寧に説明したりするなど，評価に関する情報をより積極的に提供し生徒や保護者の理解を図る。

評価時期の工夫の例

- 日々の授業の中では生徒の学習状況を把握して指導に生かすことに重点を置きつつ，各教科における「知識・技能」及び「思考・判断・表現」の評価の記録については，原則として単元や題材などのまとまりごとに，それぞれの実現状況が把握できる段階で評価を行う。
- 学習指導要領に定められた各教科等の目標や内容の特質に照らして，複数の単元や題材などにわたって長期的な視点で評価することを可能とする。

学年や学校間の円滑な接続を図る工夫の例

- 「キャリア・パスポート」を活用し，生徒の学びをつなげることができるようにする。
- 入学者選抜の方針や選抜方法の組合せ，調査書の利用方法，学力検査の内容等について見直しを図る。
- 大学入学者選抜において用いられる調査書を見直す際には，観点別学習状況の評価について記載する。
- 大学入学者選抜については，高等学校における指導の在り方の本質的な改善を促し，また，大学教育の質的転換を大きく加速し，高等学校教育・大学教育を通じた改革の好循環をもたらすものとなるような改革を進めることが考えられる。

評価方法の工夫の例

高校生のための学びの基礎診断の認定ツールを活用した例

　高校生のための学びの基礎診断とは，高校段階における生徒の基礎学力の定着度合いを測定する民間の試験等を文部科学省が一定の要件に適合するものとして認定する仕組みで，平成30年度から制度がスタートしています。学習指導要領を踏まえた出題の基本方針に基づく問題設計や，主として思考力・判断力・表現力等を問う問題の出題等が認定基準となっています。受検結果等から，生徒の課題等を把握し，自らの指導や評価の改善につなげることも考えられます。

　詳しくは，文部科学省Webページ「高校生のための学びの基礎診断」をご覧ください。
　(http://www.mext.go.jp/a_menu/shotou/kaikaku/1393878.htm)

評価の方法の共有で働き方改革

　ペーパーテスト等のみにとらわれず，一人一人の学びに着目して評価をすることは，教師の負担が増えることのように感じられるかもしれません。しかし，生徒の学習評価は教育活動の根幹であり，「カリキュラム・マネジメント」の中核的な役割を担っています。その際，助けとなるのは，教師間の協働と共有です。

　評価の方法やそのためのツールについての悩みを一人で抱えることなく，学校全体や他校との連携の中で，計画や評価ツールの作成を分担するなど，これまで以上に協働と共有を進めれば，教師一人当たりの量的・時間的・精神的な負担の軽減につながります。風通しのよい評価体制を教師間で作っていくことで，評価方法の工夫改善と働き方改革にもつながります。

「指導と評価の一体化の取組状況」

A:学習評価を通じて，学習評価のあり方を見直すことや個に応じた指導の充実を図るなど，指導と評価の一体化に学校全体で取り組んでいる。

B:指導と評価の一体化の取組は，教師個人に任されている。

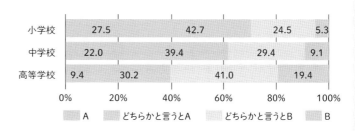

（平成29年度文部科学省委託調査「学習指導と学習評価に対する意識調査」より）

Column

学習評価の充実

Q & A －先生方の質問にお答えします－

Q1 1回の授業で，3つの観点全てを評価しなければならないのですか。

A. 学習評価については，日々の授業の中で生徒の学習状況を適宜把握して指導の改善に生かすことに重点を置くことが重要です。したがって観点別学習状況の評価の記録に用いる評価については，毎回の授業ではなく原則として単元や題材などの内容や時間のまとまりごとに，それぞれの実現状況を把握できる段階で行うなど，その場面を精選することが重要です。

Q2 「十分満足できる」状況（A）はどのように判断したらよいのですか。

A. 各教科において「十分満足できる」状況（A）と判断するのは，評価規準に照らし，生徒が実現している学習の状況が質的な高まりや深まりをもっていると判断される場合です。「十分満足できる」状況（A）と判断できる生徒の姿は多様に想定されるので，学年会や教科部会等で情報を共有することが重要です。

Q3 高等学校における観点別評価の在り方で、留意すべきことは何ですか?

A. これまでも，高等学校における学習評価では，生徒一人一人に対して観点別評価と生徒へのフィードバックが行われてきましたが，指導要録の参考様式に観点別学習状況の記載欄がなかったこともあり，指導要録に観点別学習状況を記録している高等学校は13.3%にとどまっていました（平成29年度文部科学省委託調査「学習指導と学習評価に対する意識調査」より）。平成31年3月29日文部科学省初等中等教育局長通知「小学校，中学校，高等学校及び特別支援学校等における児童生徒の学習評価及び指導要録の改善等について（通知）」における観点別学習状況の評価に係る説明が充実したことと指導要録の参考様式に記載欄が設けられたことを踏まえ，高等学校では観点別学習状況の評価を更に充実し，その質を高めることが求められます。

Q4 評定以外の学習評価についても保護者の理解を得るにはどのようにすればよいのでしょうか。

A. 保護者説明会等において，学習評価に関する説明を行うことが効果的です。各教科等における成果や課題を明らかにする「観点別学習状況の評価」と，教育課程全体を見渡した学習状況を把握することが可能な「評定」について，それぞれの利点や，上級学校への入学者選抜に係る調査書のねらいや活用状況を明らかにすることは，保護者との共通理解の下で生徒への指導を行っていくことにつながります。

Q5 障害のある生徒の学習評価について、どのようなことに配慮すべきですか。

A. 学習評価に関する基本的な考え方は，障害のある生徒の学習評価についても変わるものではありません。このため，障害のある生徒については，特別支援学校等の助言または援助を活用しつつ，個々の生徒の障害の状態等に応じた指導内容や指導方法の工夫を行い，その評価を適切に行うことが必要です。また，指導要録の通級による指導に関して記載すべき事項が個別の指導計画に記載されている場合には，その写しをもって指導要録への記入に替えることも可能としました。

文部科学省
国立教育政策研究所
National Institute for Educational Policy Research

令和元年6月
文部科学省　国立教育政策研究所教育課程研究センター
〒100-8951 東京都千代田区霞が関3丁目2番2号　TEL 03-6733-6833（代表）

「指導と評価の一体化」のための
学習評価に関する参考資料
【高等学校　情報】

令和3年11月12日　　　初版発行

著作権所有　　　　　国立教育政策研究所
　　　　　　　　　　教育課程研究センター

発　行　者　　　　　東京都文京区本駒込5丁目16番7号
　　　　　　　　　　株式会社　東洋館出版社
　　　　　　　　　　代表者　錦織　圭之介

印　刷　者　　　　　大阪市住之江区中加賀屋4丁目2番10号
　　　　　　　　　　岩岡印刷株式会社

発　行　所　　　　　東京都文京区本駒込5丁目16番7号
　　　　　　　　　　株式会社　東洋館出版社
　　　　　　　　　　電話　　03-3823-9206

ISBN978-4-491-04712-6　　　　　定価：本体1,500円
　　　　　　　　　　　　　　　　（税込1,650円）税10%